THEOPHANU

THEOPHANU

Regierende Kaiserin des Westreichs

Mit Beiträgen von
Moses Sotiriades · Petra May
Peter von Steinitz · Andreas Schmitt

Pantaleonsschriften
Verlag Freundeskreis St. Pantaleon
ISBN 3-9805197-1-6

Umschlag Vorderseite:
Mosaikbild der Theophanu
von Pelageja Angelopoulou, 1991

Verlag Freundeskreis St. Pantaleon e.V. Köln
Am Pantaleonsberg 2
50676 Köln
Tel.: 02 21 / 31 66 55

Gestaltung: Michael Ditter
Herstellung: Druck- & Verlagshaus Wienand, Köln
4. Auflage

Inhalt

Zum Geleit

Vor wenigen Jahren erst feierten die Völker Rußlands das Millennium ihrer Hinführung zum Christentum und damit gleichzeitig der Herausbildung ihrer nationalen Identität. Es war die Zeit, in der die Kaiserin Theophanu das Kaiserreich des Westens regierte, zuerst an der Seite ihres Gemahls, Ottos II., nach seinem frühen Tod als alleinige Regentin, bis ihr Sohn Otto III. die Regierung übernehmen sollte. Sie und Otto III. stehen bei den osteuropäischen Völkern in hohem Ansehen, die Polen verehren Otto III. wie einen Heiligen, weil er sie nach dem gesamteuropäischen Konzept der Theophanu in die nationale Unabhängigkeit entlassen hat.

Heute, genau tausend Jahre nach Theophanu, nach Wladimir und der Taufe des Rus, erleben wir, wie sich im gleichen geographischen Großraum die Völker erneut formieren. Die Sowjetunion scheint auseinanderzubrechen, die Völker suchen die Eigenständigkeit oder haben sie z. T. auch schon gefunden. Zur Zeit der Kaiserin Theophanu, der deutschen Kaiserin aus Ost-Rom, gab es, so wie heute, Zerreißproben verschiedener Art im Zusammenleben der Völker. Sie und dann Otto III. verstanden es aufgrund ihres persönlichen herrscherlichen Ethos und einer wahrhaft universalen politischen Konzeption, diese Kräfte zu bändigen und das Gefüge der so verschiedenen Nationalitäten zu ordnen. Diese Konzeption, zu der heiligmäßige Männer und Frauen beigetragen haben – Bernward von Hildesheim, Mathilde von Quedlinburg, Adalbert von Prag u. a. –, entstammte einer durchaus christlichen Weltsicht. Im Denken und Fühlen der Kaiserin Theophanu waren es überdies die Traditionen zweier christlicher Reiche, die sich miteinander verbanden. Von ihrer Abstammung her war sie mit der oströmischen Kaiseridee vertraut. Als Regentin und de facto Nachfolgerin von Otto II. war und dachte sie ganz deutsch bzw. europäisch.

Für uns Europäer des 20. Jahrhunderts stellt sich gerade in diesen Jahren die Frage: wenn wir das gemeinsame „Haus Europa" bauen wollen, haben wir auch eine Konzeption, die ihre Wurzeln im spirituellen Erbe unserer Völker hat?

Jahrhundertelang lag über der großen Gestalt der Kaiserin Theophanu der Schleier des Vergessens. Von verschiedenen Perspektiven her rückt diese Frau uns ins allgemeine Bewußtsein. Wer war Theophanu?

Der Aufsatz des griechischen Historikers Moses Sotiriadis befaßt sich mit der byzantinischen Herkunft der jungen Prinzessin Theophano (erst im Westen wurde ihr Name zu Theophanu umgeformt). Petra May, eine junge Kölner Historikerin, beschreibt Leben und Wirken der Kaiserin des Westreichs. Der Aufsatz „Theophanu – Versuch eines geistlichen Porträts" will eine Betrachtung der spirituellen Gestalt der Kaiserin anstellen. War sie eine heilige Herrscherin?

Im Anhang schließlich erläutert Andreas Schmitt, ein Münchener Geschichtswissenschaftler, den Zusammenhang zwischen Theophanu und der Verehrung des hl. Nikolaus, die wir im christlichen Westen vor allem ihrer liebevollen Förderung verdanken.

Zur 4. überarbeiteten Auflage

In den fast zehn Jahren seit dem Tausendjahrgedenken des Todes der großen Kaiserin hat sich die damals im Ansatz erkennbare Neuformierung Europas weiter entwickelt. Die Sowjetunion ist tatsächlich zusammengebrochen, es gibt eine beträchtliche Anzahl neuer Staaten, deren Namen uns erst langsam geläufig werden.

In der Basilika *St. Pantaleon zu Köln,* in der Theophanu nach eigenem Wunsch ihre letzte Ruhestätte gefunden hat, ist seit dem Tausendjahrgedenken vieles von dem, was damals angestoßen wurde, weitergeführt worden: das *Kaiserin-Theophanu-Gedenken* wird nun jedes Jahr im Juni begangen, mit Vorträgen, geistlichen Konzerten, griechischer Folklore (dank Theophanu hat sich eine regelrechte Freundschaft mit den Griechen von Köln entwickelt) und vor allem mit einer Eucharistiefeier für die *„Einheit der Christen in Ost und West"* am 15. Juni, dem Todestag der Kaiserin. Ein monatlicher griechisch-deutscher Gesprächskreis ist seit einigen Jahren in einen Interreligiösen Dialog übergegangen, wo Christen verschiedenster Konfession mit Juden und Muslimen darüber diskutieren, wie das Zusammenleben von Menschen verschiedener Religion und Kultur gedeihlicher sein könnte.

Es ist, als wollte die vor tausend Jahren in die Ewigkeit gegangene Kaiserin in unseren Tagen ein *Charisma des Zusammenführens und Einens* entfalten. Zuerst kamen die Griechen, was verständlich ist, da Theophanu aus Konstantinopel kam, dann aber auch die Armenier, da sie väterlicherseits aus Armenien stammte. Mit den griechisch orthodoxen Christen kamen auch die russisch-orthodoxen. Und schließlich vor zwei Jahren die Engländer! Just am Tag der Theophanu, dem 15. Juni 1998, kam eine Gruppe aus St. Albans bei London, die auf dem Weg nach Hildesheim in Köln Station machte, in letzter Minute von der ökumenischen Feier erfuhr und daran teilnahm. Der Brückenschlag erfolgte auch hier durch Theophanu, deren Lieblingsheiliger der hl. Albanus (fälschlicherweise eine Zeitlang Albinus genannt) war, und dessen Gebeine sie damals von Rom nach St. Pantaleon gebracht hatte. In seiner Nähe wollte sie bestattet sein, nicht aus sentimentalen Gründen bezüglich des von ihr weitergeführten Kirchenbaus, sondern weil sie in seiner Nähe die Auferstehung der Toten erwarten wollte. Die Gruppe aus St. Albans, dem Ort, wo der Heilige gelebt und sein Martyrium erfahren hat, war hoch erfreut, in St. Pantaleon „ihren" Heiligen wiederzufinden. Im Herbst 1999 wurde der Besuch erwidert: eine Gruppe von St. Pantaleon fuhr nach St. Albans, wo sie ebenfalls freundlich aufgenommen wurde.

Gebe Gott, der Herr der Geschichte, daß der *genius loci,* der durch die Anwesenheit der großen Kaiserin geprägt ist, weiterhin Menschen aus den verschiedensten Religionen, Sprachen und Nationen zusammenführt, um einen Beitrag zum Frieden und zur Verständigung unter den Menschen zu leisten.

Peter von Steinitz, Pfarrer an St. Pantaleon
Köln, Juni 2000

Theophanu
die Prinzessin aus Ost-Rom

Von Moses Sotiriadis

1. Ost-Rom und die christliche Welt im 10. Jahrhundert

Die Geschichtswissenschaft gebraucht den Begriff „Ost-Rom" in einem zweifachen Sinn: Er bezeichnet sowohl eine Stadt wie auch ein Reich. Die legendäre Stadt Konstantinopel wurde vom Kaiser Konstantin dem Großen 330 als „zweites Rom" gegründet, um zur Hauptstadt eines neuen Reiches, des christlich-römischen Reiches, zu werden. Der Ausdruck „Byzanz" hingegen bezeichnet die alte griechische Kolonie am Bosporus. Daher leitet sich die ganz unkorrekte Bezeichnung „Byzantinisches Reich" ab. Ein solches Reich hat in der Geschichte nie existiert. Seine Einwohner verstanden sich selbst als Römer (griech.: Romäer), also als Erben jenes heidnischen Reiches, dessen Mittelpunkt die Stadt Rom war, in der die griechisch-römische Zivilisation gepflegt wurde. Kein Historiker und keine Schrift dieser Zeit benutzte die Ausdrücke „Byzanz" bzw. „Byzantiner" und „byzantinisch". Diese Bezeichnungen tauchten erst im 17. Jahrhundert auf. Ihre planvolle Einführung zu diesem Zeitpunkt sollte wie selbstverständlich unterstreichen, daß der Titel „römisch" allein dem germanischen Reich der Habsburger zukäme.

Das neue Rom Konstantinopel (heute Istanbul) war für die Fürstin Theophanu, die zur Kaiserin des ersten deutschen Reiches werden sollte, Heimat und Herz ihrer Lebenswelt. Wie all ihre Landsleute (wenigstens seit dem 7. Jahrhundert) sprach diese römische Adelige die vorherrschende Sprache des oströmischen Reiches, nämlich Griechisch.

Nach der offiziellen politischen Ideologie und seinem religiösen Bekenntnis verstand sich dieses Reich als das einzige römische Reich, als Erbe und Rechtsnachfolger des ruhmreichen Imperiums der Antike. Sein Kaiser residierte in Konstantinopel, der „urbs regalis", in dem „Neuen Rom", ja dem „Neuen Jerusalem". Zur Zeit Theophanus handelte es sich um die größte, reichste und schönste Stadt der christli-

8

chen Welt. Die gleichzeitige Existenz zweier Kaiser unter der Sonne vermochte Ost-Rom nie zu akzeptieren. Versuche wie die Karls des Großen, die Gleichwertigkeit der Reiche zu behaupten, mußten im oströmischen Reich Ablehnung hervorrufen.

Die Kirche hingegen war noch ungeteilt. Man sah in ihr eine „Pentarchie" (die fünf Patriarchen von Rom, Konstantinopel, Alexandrien, Antiochien und Jerusalem). Im 10. Jahrhundert freilich galt vielen der Ökumenismus des Patriarchen von Konstantinopel mehr als die Apostolizität des römischen Patriarchen.

In dieser Zeit eines bereits sehr reifen Christentums gehörten die großen theologischen Auseinandersetzungen – vor allem diejenigen christologischer Natur – bereits längst der Vergangenheit an. Die zu allen Zeiten allgemein anerkannte Lehrautorität des Papstes, des Bischofs von Rom (kein Konzil war gültig ohne die Unterschrift der päpstlichen Legaten), spielte de facto kaum eine Rolle, da es im 10. Jahrhundert keine größeren theologischen Probleme zu lösen gab. Für die Christen wurde die Welt vom „vicarius Dei", dem „Stellvertreter Gottes" regiert. Das war kein anderer als der Kaiser des Heiligen und Großen Palastes von Konstantinopel, der als sakrale Person galt und als Auserwählter Gottes die Titel „Siegreicher" und „Friedvoller" trug. Oft war es eine auf militärischem, kulturellem und diplomatisch-politischem Gebiet besonders befähigte Persönlichkeit.

Die Welt des 10. Jahrhunderts war beherrscht von der Überlegenheit und dem Glanz des Oströmischen Reiches. Gewiß war es nicht das einzige Reich seiner Zeit, sicherlich aber das wichtigste. Seinen historischen Auftrag sah es in dem Ziel, die Welt mit Hilfe der Kirche, der besten Mitstreiterin des Kaisers, zum christlichen Heil zu führen.

Die weite Verbreitung der oströmischen Goldmünzen im ganzen Mittelmeerraum, seine unbestrittene Herrschaft über die Meere, seine ausgezeichnete Zentralverwaltung, die es ermöglichte, alle Provinzen von der Hauptstadt aus zu kontrollieren, seine fast unfehlbare diplomatische Überlegenheit über die nichtrömischen (Franken) und oft auch nicht-christlichen (Russen, Bulgaren) Völker, seine militärische Größe sowie die einzigartigen kulturellen und künstlerischen Leistungen (Literatur, Architektur, Ikonographie = Malkunst heiliger Ikonen, Produktion von Seidenstoffen, Bearbeitung von Edelsteinen etc.) trugen zu den phantastischen Vorstellungen bei, die sich die Völker damals von diesem Reich machten. In diesem fast legendären Oströmischen Reich wuchs Theophanu heran.

Gleichzeitig aber bildete sich im 10. Jahrhundert das erste deutsche Reich unter der charismatischen Führung Ottos I., des Großen heraus. Dieser hatte es in weniger als drei Jahrzehnten vermocht, die gefährlichen Slaven und Ungarn, die die Verbindungswege in Mitteleuropa besetzt hielten, zu besiegen. Er festigte seine Macht im Inneren seines Königreiches. Der Italienfeldzug brachte ihm in der Nachfolge Karls des Großen die Anerkennung als „rex Francorum et Langobardorum" ein. Auf ausdrücklichen Wunsch von Papst Johannes XII., der das Patrimonium Petri durch König Berengar von Ivrea bedroht sah, begab sich Otto noch einmal nach Italien und wurde dort 962 mit seiner zweiten Frau Adelheid in der Petersbasilika vom Papst zum „imperator Romanorum" (Kaiser der Römer) gekrönt. Dieser feierliche Akt band die römische Kirche in verhängnisvoller Weise an das Germanische Reich. Die „renovatio imperii Francorum" (Erneuerung des Reiches der Franken) wurde zu einer neuen Wirklichkeit. Vom Schützer der Kirche verwandelte sich Otto in den Herrn des Apostolischen Stuhles, wie aus den Bestimmungen des berühmten „Ottonianum" genannten Dekrets von 962 hervorgeht. Durch sein kluges „Reichskirchensystem" unterwarf er sich die deutschen Bischöfe. Die erfolgreiche Missionierungspolitik benutzte Otto als ein Mittel zur territorialen Ausdehnung. Sie stärkte sein Ansehen bei den slavischen Völkern östlich des Reiches. Er unterhielt gute Beziehungen zu Venedig und kontrollierte die Territorien im Süden Roms, die unmittelbar den oströmischen Provinzen Kalabrien und Apulien benachbart waren. So hoffte Otto, seine Politik mit der offiziellen Anerkennung seines kaiserlichen Titels durch den Hof von Konstantinopel, dem direkten Erben und Sitz der Cäsaren des Ostens, krönen zu können. Um diesen scheinbar so fernen Traum zu verwirklichen, wählte Otto die besonderen Waffen der Diplomatie. Er verfolgte ein einziges Ziel: eine purpurgeborene Prinzessin als Gemahlin für seinen Sohn und Mitkaiser Otto.

2. Ein „unbekanntes", hochadeliges Mädchen aus Konstantinopel auf dem Thron der Cäsaren des Westens.

Sicherlich fiel es der ottonischen Diplomatie nicht leicht, dieses Ziel zu erreichen. Die Situation verschlimmerte sich noch, weil die Interessen der deutschen Krone am Konstantinopolitaner Hof des glorreichen Nikephoros Phokas durch den schrecklichen Bischof von Cremona,

Liutprand, vertreten wurden. Im Bericht des Letzteren wird der Mentalitätsunterschied überdeutlich, der sich zwischen den beiden Welten gebildet hatte und sie trennte. Die kategorische Antwort Phokas' lautete, daß es „unerhört" sei, „eine purpurgeborene Prinzessin", mehr noch, die Tochter eines „purpurgeborenen Kaisers" einem Nicht-Römer anzuvertrauen. Das mag heute recht stolz klingen; für die Oströmer war es eine ganz natürliche, selbstverständliche Absage. Trotzdem erlangte der Kölner Erzbischof Gero einige Jahre später dann doch eine Prinzessin für den jungen Otto. Es handelte sich allerdings nicht um die „virgo desiderata" (ersehnte Jungfrau), sondern nur um eine Nichte des Kaisers Johannes Tsimiskes.

Aus dem völligen Fehlen zeitgenössischer griechischer Quellen über die Hochzeit der jungen Prinzessin können wir schließen, daß a) der kaiserliche Hof dem Ereignis kaum Bedeutung beimaß und b) Kaiser Tsimiskes damit den Zweck verfolgte, die italienischen Grenzen zu sichern, um sich mit ganzer Kraft den Reichsfeinden im Osten zuwenden zu können.

Am Hofe Ottos des Großen freilich dachte man anders. Am 14. April 972, dem Weißen Sonntag der lateinischen Kirche, fand in der konstantinischen Basilika St. Peter zu Rom unter Assistenz des Papstes Johannes XIII. und mit höchster Feierlichkeit die Trauung Ottos II. mit Theophanu statt. Der Papst krönte die junge Frau zur Kaiserin.

Für den christlichen Westen setzte ein neues Zeitalter ein. Die Chronisten, Historiker und Annalisten der berühmtesten lateinischen Klöster des Westens berichten über die meistdiskutierte kaiserliche Hochzeit ihrer Zeit. Mit großer Bewunderung sprechen sie von der Schönheit der jungen, „griechischen" Kaiserin, von ihrem vornehmen Auftreten und den unerhörten Schätzen – ein Zeichen für die politische und kulturelle Überlegenheit Ost-Roms, die Theophanu nicht ohne besonderen Grund mitgebracht hatte.

Auch die beiden Ottonen, Vater und Sohn, die nach dem Vorbild Konstantinopels als Mitkaiser zugleich regierten, zeigten sich nicht weniger großzügig gegen die neue „Augusta" („die Erhabene" – kaiserlicher Ehrentitel) des „Basileus", (Griech.: „König" und „Kaiser"). Die Heiratsurkunde der Theophanu, 21), die wertvollste und schönste Urkunde des mittelalterlichen Westens, gab der jungen Braut nach germanischem Brauch als Mitgift so ausgedehnte Ländereien in allen Teilen des Reiches, daß man sie mit gutem Recht als die wichtigste und reichste Frau Europas vor dem Jahre 1000 nennen darf.

Die Bedeutung der Hochzeit von 972 übertraf bei weitem das, was Otto der Große sich hatte vorstellen können. Für ihn war es die Krönung, der Triumph und der Zenit seiner militärischen, politischen und diplomatischen Erfolge. Die Blutsbande zwischen Orient und Okzident, die die Geschichte der Symbolgestalt des Westens schlechthin, nämlich dem legendären und in ottonischer Zeit als heiligmäßig geltenden Karl dem Großen, verweigert hatte, wurde nun unter Otto I., „dem Unbesiegbaren, dem Großen, dem Friedvollen", zur Wirklichkeit.

Und doch war es nicht so sehr die Ankunft und Hochzeit Theophanus, sondern vielmehr ihre eindrucksvolle und charismatische Persönlichkeit, wodurch sich neue Wege und neue Kapitel in der Geschichte der christlichen Ökumene des 10. Jahrhunderts öffneten. Das fast zwanzigjährige Wirken der großen „Griechin" in der Gründungsdynastie des deutschen Reiches machte sie zur würdigen Erbin Ottos I., zur treuen und einflußreichen Gattin Ottos II. und zum Unterpfand für das Überleben der beiden kaiserlichen Traditionen in der bewundernswürdigen Seele Ottos III., jener eigenartigen, aber auch wertvollen und unwiederholbaren Frucht ihrer historischen Verbindung mit dem Geschlecht der Ottonen. Bei der Darstellung ihres Wirkens und des Einflusses, den sie an der Seite ihres jungen Gatten bei der Erledigung der Reichsgeschäfte hatte, wollen wir uns von den Kaiserurkunden leiten lassen, die die wertvollste und zugleich glaubwürdigste Quelle über die Verwaltung und Gesetzgebung des Reiches darstellen.

Aufschlußreich ist eine Zusammenstellung der Erwähnungen Theophanus in den Kaiserurkunden zwischen 972 und 983, also zwischen dem Jahr ihrer Hochzeit und dem Tag des verfrühten Todes ihres Mannes. Der Name der „griechischen Augusta" fällt in 972 2x, 973 4x, 974 4x, 975 8x, 976 6x, 977 5x, 978 7x, 979 10x, 980 8x, 981 8x, 982 4x, 983 7x.

Insgesamt finden wir den Namen Theophanus in einem Viertel der Urkunden Ottos II. Das bezeugt ihr hohes Interesse für die Angelegenheiten des Reiches und ihre enge Zusammenarbeit mit den höchsten Würdenträgern des ottonischen Hofes, seien es Kleriker oder Laien. Würdig ihrer oströmischen Abkunft und den Frauen des sächsischen Hofes weit überlegen, konnte sie umsichtig und unermüdlich die Rolle der Mitregentin Ottos II. übernehmen.

Nie begnügte sie sich einfach mit der Aufgabe einer Ehefrau, sondern nutzte ihren Einfluß als ständige Begleiterin und fähige Beraterin ihres kaiserlichen Gemahls. Theophanus Bedeutung am Hof wird von ei-

Letzte Ruhestätte der Kaiserin in St. Pantaleon, Köln.
Sepp Hürten gestaltete diesen Sarkophag aus griechischem Marmor. Die sterblichen
Reste der Theophanu, die nach dem 2. Weltkrieg in der freigelegten Krypta gefun-
den wurden, befinden sich hier.

nigen Historikern – wie wir meinen zu Unrecht – so hoch einge-
schätzt, daß sie ihrem persönlichen Wirken die Ausschaltung der Kaiserin-Mutter Adelheid von der Teilnahme am offiziellen politischen
Geschehen zuschreiben. Tatsächlich hatte Adelheid beide Male die
Aufstände Heinrichs von Bayern, des Zänkers, gegen Otto unterstützt,
während Theophanu sowohl bei diesen Gelegenheiten wie auch bei
dem unerwarteten Zusammenstoß zwischen Lothar von Frankreich
und Otto in Aachen treu an der Seite ihres Gatten verharrte.

In dieser Zeit gebar Theophanu vier Kinder, nämlich die drei Töchter
Adelheid, Sophia und Mathilde sowie den künftigen Kaiser Otto. Doch
weder die Schwangerschaften noch ihr ohnehin schlechter gesund-
heitlicher Zustand hinderten sie daran, Otto II. 982 in einen Feldzug
gegen die Sarazenen zu begleiten. Der Kampf fand auf dem Territori-
um ihrer ersten Heimat Ost-Rom statt, das seit dem Tod Tsimiskes 976
von Basileos II. regiert wurde.

Nach der furchtbaren Niederlage des deutschen Heeres in Capo-
Colonna starb Otto am 7. Dezember 983. Auf sich selbst gestellt, blieb
die junge Witwe zurück, während ihre Gegner bereits einen Aufstand
vorbereiteten.

3. „Theophanius gratia divina imperator augustus" („Theophanius durch göttliche Gnade erhabener Kaiser"): Eine Lücke in der Kaiserliste der Ottonendynastie

Heinrich der Zänker von Bayern hoffte, von den Großen des Reiches als
legitimer König anerkannt und als solcher von der „Reichskirche" gekrönt
zu werden, da der einzige Sohn des verstorbenen Ottos II. noch ein Kind
von drei Jahren war und er selbst der nächste männliche Verwandte der
regierenden Dynastie. Das Schicksal des jungen Reiches stand auf dem
Spiel, denn obwohl der ehrgeizige Emporkömmling Heinrich immer wieder für Unordnung in der Reichsregierung gesorgt hatte, standen doch
zahlreiche Fürsten und mehrere wichtige Bischöfe, wie Dietrich von
Metz und Egbert von Trier, an seiner Seite. Schließlich aber gewann die
vom mächtigen Erzbischof und Erzkanzler Willigis sowie von Herzog
Bernhard von Sachsen geführte Gegenseite der Kaiserinwitwe die Aus-
einandersetzung. Die Stunde Theophanus war gekommen. Die Ottonen
erkannten die junge Kaiserinwitwe noch während des Kampfes als die ge-
eignetste Persönlichkeit an, um die Angelegenheiten des Reiches in Stell-

14

vertretung ihres minderjährigen Sohnes Otto III. in die Hand zu nehmen. Hier stellt sich die Frage nach der tatsächlichen Rolle Theophanus in der Reichsregierung. Sollte man sie als Regentin („regens") oder als Regierende („regnans"), vielleicht sogar noch besser als „regens regnans" bezeichnen? Welchen Titel erhielt sie von den Großen des Reiches, wie definierte sie selbst ihre Aufgaben und ihre Autorität?

Die Durchsicht der Kaiserurkunden von 983 bis 991 lassen erkennen, daß alle Dokumente im Namen des kaiserlichen Erbfolgers Otto III. ausgestellt sind, obwohl dieser noch minderjährig und zur Alleinherrschaft unfähig war. In sämtlichen Urkunden seiner Regierungszeit heißt es: „Otto divina favente clemencia rex." („Otto, durch den milden Ratschluß Gottes König.") Diese Formel in Verbindung mit dem daruntergesetzten königlichen Siegel gab dem Inhalt der Texte Gültigkeit. Die tatsächliche Macht aber befand sich in den Händen der Kaiserin-Mutter, deren Name in 42 der insgesamt 76 Urkunden der genannten Zeit auftaucht. Hier müssen jedoch zwei ungewöhnliche, aber höchst bedeutsame Urkunden Erwähnung finden. Es handelt sich um zwei von der kaiserlichen Kanzlei 990 ausgestellte Urkunden, aus der Zeit also, in der Theophanu in einer Italienreise versuchte, den aufständischen römischen Adel zurückzugewinnen. Leider sind die Originale dieser Urkunden verlorengegangen. Wir besitzen die wertvollen Texte aber in Abschriften im „Registrum Fafense" vom Ende des 11. Jahrhunderts und im „Chronicon Vulturnense" vom Anfang des 12. Jahrhunderts in der Vatikanischen Bibliothek zu Rom.

Beide Dokumente sind auffallenderweise unter dem Namen der Kaiserin und nicht des Königs ausgestellt. Im Protokoll des zweiten wird Theophanu gar mit der vermännlichten Form ihres Namens (Theophanius) geführt, während die Regierungsjahre nicht seit dem Amtsantritt Ottos III., sondern nach dem der Kaiserin gezählt werden. Für die Forscher stellen diese Urkunden bis heute ein Rätsel dar, das für die verschiedensten Deutungen offen ist. Wir selbst nehmen an, daß Theophanu sich als unbestreitbare Mitwisserin dieser Formulierungen in eine Reihe mit den großen oströmischen Kaiserinnen Eirene und Theodora (Ende des 8., Beginn des 9. Jahrhunderts) stellt. Beide hatten an Stelle ihrer Söhne regiert und so an einem Hof, der nur die männliche Thronfolge kannte, eine Form weiblicher Monarchie begründet.

Theophanu bzw. „Theophanius" freilich regierte nicht wie eine Kaiserin, sondern wie ein Kaiser. Noch das heutige Deutschland verdankt dieser Frau viel, die bei ihrem verfrühten Tod (Nimwegen, 15. Juni 991)

ein einflußreiches, wohlhabendes und stolzes Reich zurückließ. Zweifellos hinterließ sie auch Probleme. Dennoch waren für das Reich die Fundamente gelegt, um in das zweite christliche Jahrtausend einzutreten und einen Platz an der Seite der blühenden Völker Westeuropas einzunehmen.

So erscheint das Ende des 10. Jahrhunderts, in dem sich das erste deutsche Kaiserreich herausbildete, als eine Zeit weiblicher Herrschaft. Die starke Frauengestalt an der Spitze, die Schlüsselgestalt zum Verständnis ottonischer Politik, Diplomatie und Kultur war eine „Griechin", und zwar eine Griechin, die sich die deutsche Sache zu eigen gemacht hatte und sie mit Mut verteidigte. Wäre es nicht heute, nach tausend Jahren, an der Zeit, ihren kaiserlichen Namen zwischen den ihres Gemahls Ottos II. und den ihres Sohnes Ottos III. in die ottonische Kaiserliste einzufügen? Vielleicht fürchtet sich die deutsche Geschichtswissenschaft noch immer, einen Frauennamen – und welch einen Namen – zu einem Symbol des deutschen Mittelalters zu machen?

4. Die Bedeutung der Heiligen für Theophanus Lebensstil

Theophanu war eine außergewöhnliche Frau. Das beweist ihr politisches, diplomatisches und künstlerisches Wissen auf dem Thron der Ottonen. Eine Frau wie sie: begabt, unternehmend und willensstark mußte zur Legende werden. Wie stand es nun aber tatsächlich um die Leistungen der Königin und Kaiserin in den schwierigen Aufgaben und komplizierten Pflichten, in politischen und kirchlichen Fragen? Kann man von der Heiligkeit der „erhabenen Theophanu" sprechen? Welchen Lebensstil wählte die griechischstämmige Herrscherin am Kaiserhof des Westens?

Trotz der Bedeutung dieser Frauengestalt geben die frühmittelalterlichen Quellen über sie bekanntlich leider nur unzureichend Auskunft. Es ist schwierig, sich vom Alltagsleben und der religiösen Praxis Theophanus ein vollständiges Bild zu machen. Nur auf Grund von wenigen

Abb. links: 972 oder 982/83 ist dieses Elfenbeinrelief eines Buchdeckels entstanden, das die Krönung Ottos II. und Theophanus durch den Pantokrator Christus zeigt (Musée de Cluny, Paris). Der moderne Marmorsarkophag der Kaiserin in St. Pantaleon, Köln, inspiriert sich an diesem über tausendjährigen Bildnis.

indirekten und verstreuten Informationen können wir versuchen, ihre Frömmigkeit, die Beziehung ihrer Seele zu Gott nachzuzeichnen.

Im 10. Jahrhundert waren die kirchlichen Beziehungen zwischen dem Osten und dem Westen schwierig. Der Bischof von Rom und der Bischof von Konstantinopel, die sich gegenseitig anerkannten, lebten in kirchlicher „communio" (Gemeinschaft). Ihre Namen tauchten wechselseitig auf den kirchlichen „diptycha" auf. In Wirklichkeit aber unterlag ihr Verhältnis den wechselvollen Beziehungen zwischen ihren jeweiligen politischen Herren, den Kaisern. Der brüderliche Geist zwischen den beiden Patriarchaten muß als nur formal, ja als oberflächlich bezeichnet werden. Man darf nicht vergessen, daß das 10. Jahrhundert das letzte war, in dem sich die Kirche als ungeteilt betrachten konnte. Doch schon unterschieden sich die beiden Patriarchate zutiefst durch ihre Sprache, in den religiösen Riten, in der Art und Weise, den christlichen Heilsweg zu betrachten, durch ihre je eigenen Wege, mit der politischen Macht zu verkehren und nicht zuletzt bezüglich der „diaconia" (des Dienstamts) innerhalb der christlichen Ökumene, also in ihrer Position in der damals höchst aktuellen Diskussion um den kirchlichen Primat. Trotz des ebenso reichen wie tiefen liturgischen und geistlichen Lebens beider Seiten nahte die Spaltung unaufhaltsam. Schon 1054 war sie eine vollendete Tatsache, eine tragische Wirklichkeit für Europa und die ganze gläubige Welt.

In dieser Zeit gegenseitigen Unverständnisses verließ die junge Theophanu ihre geliebte Heimat Konstantinopel, die heilige Stadt der „Theotokos" (Gottesgebärerin), um sich in eine unbekannte und feindliche Welt zu begeben. Ihr voran gingen die Reliquien des „Megalomärtyrers" Panteleimon (St. Pantaleon), der einst in der berühmten Stadt Nicomedia der Arzt des römischen Kaisers gewesen war. Die ganz ungewöhnliche Beziehung Theophanus zu St. Pantaleon war sehr dauerhaft. Bei ihrer Ankunft in Köln hatten dort bereits unter dem verstorbenen Erzbischof Bruno, der ein ausgezeichneter Kenner der griechischen Sprache und Kultur sowie der Onkel und Beschützer Ottos II. gewesen war, die Erweiterungsarbeiten an einer dem hl. Pantaleon geweihten Kirche begonnen. Dank einer großzügigen Stiftung der mächtigen Kaiserin konnte der Sakralbau vollendet werden. Unter Theophanus Einfluß erhielt seine Architektur oströmische Stilelemente. Der heilige Arzt stand der Kaiserin stets hilfreich bei als Quelle des Trostes, als Erinnerung an die geliebte Heimat und als Segen Gottes. Er erhörte das Gebet um die Heilung ihres durch das unerträgliche feuchte Klima des Nordens erschöpften Körpers. Theophanus zahlreiche Besuche in Köln bezeugen ihre Verehrung für Pantaleon ebenso stark wie ihr testamentarischer Wille, in dessen Kirche ihre letzte Ruhestätte zu finden.

Während aber diese besondere Pantaleons-Verehrung im Grunde stark persönliche Züge trug, war der Kult des hl. Nikolaus für die große „Griechin" eine Selbstverständlichkeit. Alle Städte und Dörfer des oströmischen Reiches, ja selbst der kaiserliche Palast in Konstantinopel wetteiferten in der Verehrung des heiligen Bischofs von Myra. Ein ganzes Jahrhundert, bevor dessen Reliquien von Myra (Lycia in Kleinasien) nach Bari (Apulien, Süditalien) überführt wurden, weckte Theophanu bei den Ottonen und im ganzen Westen die Liebe zum heiligen Nikolaus. Das verdeutlichen drei kaiserliche Gründungen der sächsischen Herrscher aus der Zeit um das Jahr 1000, die den hl. Nikolaus betreffen:

1) das von Otto III. zu Ehren des italienisch-griechischen Heiligen Gregor von Cassano Calabro gegründete Kloster Burtscheid bei Aachen (997), und

2) die Gründung des Nikolaus-Klosters Brauweiler bei Köln durch die Familie von Theophanus Tochter Mathilde (1024),

3) die kaiserliche Hofkapelle zu Nimwegen (um 1030), Theophanus Gründung, wo sie auch starb (15. Juni 991).

Seit Theophanu finden wir im Westen immer mehr Kirchen mit dem Patrozinium des heiligen Patrons der Armen und der Seeleute.

Eine dritte von Theophanu gepflegte Verehrung, die östliche Herkunft verrät, ist ihre Liebe für den hl. Alexius, dem der obere Altar der Pfalzkapelle in Nimwegen geweiht war. Die geistliche Verbindung Theophanus zu diesem Heiligen bezeugt im übrigen auch ihr Aufenthalt in Rom. Dort lag die kaiserliche Residenz neben dem Alexius-Kloster auf dem Aventin. Dessen Mönchsgemeinschaft folgte zugleich dem griechischen (Regeln des hl. Basilius) und dem westlichen Ritus (Regel des hl. Benedikt).

Freilich wandten sich Theophanus Verehrung und Frömmigkeit nicht nur an die im Osten bekannten Heiligen. Ohne zwischen östlichen und westlichen Heiligen zu unterscheiden, war sie offen für alle Heiligen Gottes. So verhält es sich zum Beispiel mit dem hl. Albanus. Seine Geschichte ist zwar kaum noch zu eruieren, fest steht aber, daß Theophanu seine Reliquien bei der Rückkehr von einer Romreise der Kölner Kirche St. Pantaleon schenkte. Ihre Verehrung dieses Heiligen ließ nie nach. Zuletzt wurde sie selbst vor seinen Reliquien beerdigt, für die sie ein wertvolles Reliquiar hatte anfertigen lassen.

Für unser Thema ist wohl auch bedeutsam, daß der hl. Märtyrer und römische Diakon Laurentius Theophanu in einer Vision erschienen sein soll, um sie über die Wiedererrichtung des Bistums Merseburg zu belehren.

Die „Erhabene" interessierte sich jedoch nicht nur für die Heiligen der „ecclesia triumphans", „der triumphierenden Kirche", d. h. der bereits zur Vollendung gelangten, jenseitigen Kirche. In ihrer Umgebung befanden sich zahlreiche heilige Mitglieder der „ecclesia militans", „der streitenden Kirche", d. h. der irdischen Kirche. Der Mainzer Erzbischof und Erzkanzler Willigis, ein unmittelbarer und treuer Mitarbeiter Theophanus, und Bernward, der Bischof von Hildesheim, welcher als Vertrauensmann der Mutter den jungen Otto III. erzog, können als gute Beispiele dienen, um die Qualität des Kreises um die Kaiserin anzudeuten. Theophanu unterhielt eine geistliche Freundschaft mit dem hl. Adalbert, der als Pionier der Missionspolitik des Reiches später durch die Slaven das Martyrium erleiden sollte. Die unmittelbar nach dessen heroischem Tod verfaßte „Vita", „Lebensbeschreibung", Adalberts bezeugt ausdrücklich Theophanus Liebe zu den Armen und ihre Sorge für das Seelenheil ihres verstorbenen Mannes.

In Konstantinopel, einer Stadt, die sich ihrer besonderen Beziehung zur heiligen „Theotokos" rühmte, wuchs Theophanus Marienverehrung. Davon zeugten unzählige, wunderbare Elfenbeinbilder der Gottesmutter. Sie gehörten wohl zu der künstlerischen Mitgift, die die feingebildete Oströmerin mit in die neue Heimat brachte.

Bemerkenswert ist nun, daß sich Theophanu in ihrer Frömmigkeit ebenso wie in ihrer Art, die Angelegenheiten des Reiches zu betrachten, vollständig vom religiösen Konzept ihrer Schwiegermutter, der Kaiserin Adelheid, unterschied. Die religiösen Vorstellungen Adelheids waren ganz anders geartet. Sie zählte zur kirchlichen Reformbewegung, die im Westen von dem berühmten Benediktinerkloster

Abb. rechts: Ein „Familienbild" des deutschen Kaisers.
Otto II., seine Gemahlin Theophanu und der kleine Otto III., huldigen dem allherrschenden Christus der von der Gottesmutter und dem Familienheiligen Mauritius begleitet wird.
Die kaiserliche Familie kniet nach Art der oströmischen „Proskynesis" vor dem Herrn.

Cluny ausging. Adelheid unterhielt mit den Äbten Clunys persönliche Freundschaften. Sie galt als deren ranghöchste Anhängerin. Gewissenhaft führte sie nach dem Vorbild dieser heiligen Äbte ein Leben der Aszese und persönlicher Verdemütigungen, von Umkehr und äußerster Strenge.

Theophanus religiöse Überzeugungen hingegen und deren alltäglicher Ausdruck paßten kaum zur Mentalität der ottonischen Hofhaltung. Die griechisch-orientalische Frömmigkeit, wie sie sie gewohnt war, ließ der jungen Kaiserin so viel Weite und Freiheit, daß sie am Hofe einen Lebensstil führen konnte, der viele ihrer Mitarbeiter schockierte oder ihnen wenigstens unverständlich bleiben mußte.

Die Verbindung einer großen politisch-diplomatischen Begabung mit einem tiefen Glauben war auch für den lateinischen Westen des 10. Jahrhunderts ungewöhnlich, zumal, wenn es sich um eine Frau handelte. Hinzu kommt der unglückliche Umstand, daß sie aus dem Ausland stammte und als Rivalin galt. Schließlich hatte sie am Hofe und im Reich nach oströmischem Vorbild eine überaus aufwendige und prächtige Kleiderordnung eingeführt, die dem von Clunys Idealen bestimmten Westen als gänzlich unvereinbar mit einem heiligmäßigen Leben erscheinen mußte.

Der Umstand, daß diese „imperatrix Graeca", „Griechische Kaiserin", nie einen würdigen Biographen gefunden hat, erklärt sich also wohl durch ihre Herkunft, ihre Zugehörigkeit zu einem fremden christlichen Ritus, ihr äußeres Auftreten und ihre politische Überlegenheit gegenüber ihrer frommen Schwiegermutter.

Schließlich wurde auch Theophanus Wohlwollen für ihren Landsmann Johannes Philagathos, der ihr wohl auch als Kaplan diente, zum Anlaß übelster Nachrede. Später erklärte Philagathos sich zum Gegenpapst und versuchte, den Stuhl Petri zu besteigen. Man bezichtigte Theophanu, die den zwar begabten, aber auch intriganten Philagathos gefördert hatte, des Ehebruchs. Die historische Forschung freilich schließt diese Möglichkeit aus.

Am Ende bleibt wahr, daß die Kaiserin Theophanu nicht nur, wie die Historiker gerne behaupten, eine politisch-diplomatische Brücke zwischen Ost-Rom und dem germanischen Reich der Ottonen, sondern auch ein offenes Fenster auf ein noch ganz zu entdeckendes Modell heiligmäßigen Lebens darstellte.

5. Theophanu und „Das Wunder der Welt":
Das griechische Erbe der Augusta in der Seele Ottos III.

Man sagt, hinter jedem großen Mann stehe eine Frau, nämlich seine Mutter. Dieser Satz bewahrheitet sich zur Gänze im Fall des legendären deutschen Kaisers Otto III. Obwohl schillernder als sein Großvater und sein Vater, bewundert ihn die Geschichte doch als Sohn Theophanus und als „mirabilia mundi" (= Wunder der Welt). Beides läßt sich in Ottos aktiver, mystischer und geheimnisvoller Persönlichkeit wohl nicht voneinander trennen. Vielmehr scheint mir, daß die Gestalt seiner Mutter Theophanu im Leben Ottos so mächtig, wenn nicht sogar übermächtig war, daß sie als die „conditio sine qua non", „als unumgängliche Bedingung" für die Entwicklung des späteren, bewundernswürdigen Ottos gelten muß.

Die Forschung bedauert, über Theophanu kaum Informationen zu besitzen, die stärker ins Detail gehen. Wir meinen allerdings, daß sich vieles von dieser Frau in der Seele ihres kleinen und geliebten Sohnes wiederfinden läßt. Um die Geschichte der Mutter zu schreiben, wäre es also nötig, das Leben des Sohnes Schritt für Schritt zu verfolgen.

Otto III. hatte ein sehr eigenartiges Wesen. Noch heute rätseln die Historiker über die Gründe und Bedingungen, die den jugendlichen Kaiser in seinem kurzen Leben zu so großer Arbeitskraft, Geschicklichkeit und Feinfühligkeit befähigten. Auch hier nimmt die Ost-Römerin Theophanu eine Schlüsselstellung ein. Die sogenannte „Griechin" übte entscheidenden Einfluß auf die Seele und Charakterbildung Ottos aus. Sie widmete ihrem Sohn und Thronfolger ebenso wie ihren drei Töchtern Adelheid, Sophia und Mathilde viel Aufmerksamkeit. Freilich verloren diese Kinder früh den Vater und acht Jahre darauf auch die Mutter. In dieser kurzen Zeitspanne aber erwies Theophanu sich als zärtliche Mutter. In Otto III. weckte sie ein griechisches Bewußtsein, aber auch den Wunsch, sich als dem in Konstantinopel regierenden „Basileus" ebenbürtig zu erweisen. Sein Wunsch, noch als König seine wissenschaftliche Ausbildung ständig zu vertiefen, hatte im Westen keinerlei Vorbilder und erinnert an die oströmischen Herrscher Leo VI. den Weisen und den purpurgeborenen Konstantin VII. Ottos gutausgestattete Bibliothek bewies ebenso wie seine Sammlung wertvoller Codices einen feingebildeten Geschmack, wie er am sächsischen Hof allein von der schönen Theophanu vertreten wurde. Theophanu hat ihren Sohn so stark geformt, daß er am Tag seiner Kaiserkrönung in Rom – und nicht nur bei dieser Gelegenheit – griechisch gekleidet auftrat. Ein großer Krieger aber ist Otto nie geworden. Nachdem er sein Kindesalter in einer fast ausschließlich weiblichen Umgebung verbracht hatte, wurde er zum intellektuellsten unter allen deutschen Kaisern des Mittelalters, nicht aber zu einem Soldaten.

Theophanu scheute trotz ihrer zahlreichen Aufgaben im Dienst der Reichsverwaltung keinerlei Mühen, dem künftigen Erben eine angemessene Erziehung zu gewähren. Neben dem großen Willigis wurde der hl. Bernward von Hildesheim zu einem wichtigen Protektor des Knaben. Er vermittelte ihm eine tiefe Frömmigkeit und den Sinn für Kunst und Schönheit. Bernward teilte als treuer Freund Theophanus Liebe zu den Künsten, aber auch die Spiritualität der Kaiserin.

Theophanu lehnte jede Einseitigkeit in der Ausbildung ihres Sohnes ab: Der junge Prinz sollte nach dem Willen der Kaiserin-Mutter sowohl eine lateinische wie eine griechische Erziehung erhalten. Wer am kaiserlichen Hof hätte diese Aufgabe besser übernehmen können als Johannes Philigathos, der Landsmann Theophanus und überaus begabte, treue Diener Ottos II. Er führte Otto III., dessen Taufpate er auch war, in die griechische Kultur ein.

Was läßt sich über die Beziehung zwischen Theophanu und Otto III. sagen? Sie hat alles unternommen, um ihm die dynastische Erbfolge zu sichern, aber auch die Fundamente gelegt, damit er im Reich die von Otto I. eingeschlagene Linie fortsetzen konnte. Sie schenkte ihm alles: das kaiserliche Blut des Ostens, die Krone des Westens, den Sinn für Schönheit und Geschichte, vor allem aber die Sehnsucht, das Reich Augustus' und Konstantins unter einem Zepter neu zu einen. Rom, die „urbs aeterna", „Ewige Stadt", sollte wieder zum politischen und geistigen Mittelpunkt werden.

Der frühe Tod Theophanus muß für den damals noch so sehr auf die Liebe und die Ratschläge der Mutter angewiesenen, erst elfjährigen Otto eine harte Prüfung gewesen sein. Er bedeutete jedoch keineswegs das Ende der großen Kaiserin. Sie lebte fort im Herzen und im Wirken des deutschen Kaisers, der Rom über alles liebte, den seine griechische Herkunft mit Stolz erfüllte und der die Kultur Ost-Roms bewunderte, dem es aber nicht gegeben war, den Lauf der Weltgeschichte zu verändern, da er schon mit 22 Jahren starb. Die griechische „Theophanie" (Gotteserscheinung) hat zweifellos im Herzen des deutschen Kaiserreiches ein Wunder gewirkt: Sie schenkte dem christlichen Mittelalter (und nicht nur ihm) im 10. Jahrhundert das „Wunder der Welt".

6. Die griechische Kaiserin Deutschlands als Zivilisationsbrücke zwischen zwei Welten: Eine Kulturvereinigung Europas im Mittelalter?

Ost-Rom und Deutschland waren im 10. Jahrhundert zwei völlig verschiedene Welten. Über die politisch-diplomatischen Fragen hinaus waren es künstlerische und kulturelle Aufgaben, die beide Reiche prägten. In diesem Bereich ließ sich die Überlegenheit Ost-Roms, und insbesondere der Werkstätten Konstantinopels, nicht übersehen. Aber auch im germanischen Reich der Ottonen begleitete den politischen Aufschwung eine kulturelle Blüte.

Auf jeden Fall mußte die Ankunft einer oströmischen Fürstin von der Bedeutung Theophanus, die bald Kaiserin, Mitregentin und Regentin – Alleinherrscherin wurde, Auswirkungen auf das künstlerische Leben Deutschlands haben.

Unbezweifelbare Zeichen ihrer Gegenwart sind die Seidenstoffe, auf die Konstantinopel ein Monopol hatte und die nun im Bereich der ottonischen Dynastie ihren Einzug hielten. Theophanu selbst kleidete sich – wenn auch wahrscheinlich nicht immer – auf griechische Weise. Ihren Brauch, emaillierten Goldschmuck zu tragen, nahm Otto III. auf. Ihm folgten andere Kaiser, die alles unternahmen, um den christlichen Osten nachzuahmen.

Auch in der deutschen Architektur traten nun oströmische Elemente auf. Sie finden sich überall dort, wo die „griechische" Kaiserin gewirkt hat, besonders aber in den Kölner Kirchen St. Pantaleon, St. Maria im Kapitol und St. Aposteln. Zunächst in Reichenau und Echternach, später aber auch in den stadtkölnischen Klöstern entstanden Meisterwerke der ottonischen Buchmalerei. Sie zeugten von der hohen künstlerischen Begabung der Mönche, waren aber doch fast immer von Miniaturen der Schule Konstantinopels inspiriert.

Gold, Elfenbein, Email, Kristall, Edelsteine und Perlen waren überall in Deutschland die bevorzugten Materialien der Kleinkunst jener Zeit. Eindrucksvolle und unnachahmbare Kunstwerke bezeugen noch immer die Arbeitsweisen und Gestaltungsmöglichkeiten des neuen Reiches. Künstlerische Motive der karolingischen Zeit wurden fortgeführt, doch der Stempel oströmischer Vorbilder bleibt unübersehbar. Es darf nicht vergessen werden, daß das 10. Jahrhundert das goldene Zeitalter Ost-Roms war, in dem seine Überlegenheit von allen westlichen Höfen und den monastisch-kulturellen Kreisen anerkannt wurde. Wer anders als eine außergewöhnlich hochgestellte, sehr gebildete und künstlerisch empfindende Persönlichkeit hätte im Westen eine kulturelle Blüte herbeiführen können?

Um mit Worten Ottos III., der sich selbst als Grieche fühlte, zu sprechen: Theophanu unterschied sich von „Saxonica rusticitas", „von der sächsischen Bäurischkeit", durch „Graecisca subtilitas", „griechische Feinheit".

Die Ehe zwischen der jungen, „griechischen" Prinzessin mit dem Erben des sächsischen Thrones bedeutete auch eine neue Verbindung zwischen der Denkweise, den Künsten und der Kultur der beiden christlichen Welten: des östlichen und des westlichen Reiches. Politik und Diplomatie hatten es verstanden, Europa zu teilen; Theophanu wurde zur kulturellen Brücke zwischen Konstantinopel und Deutschland. Ihre Anwesenheit und das Wirken ihres Sohnes Ottos III. legten in den Boden ihrer neuen Heimat den Samen für die so lange erhoffte „renovatio imperii Romanorum", „Erneuerung des Römischen Reiches". Der sogenannte „Brautschatz" der Kaiserin Theophanu, das heißt, die noch immer erhaltene Sammlung wertvoller oströmischer Schmuckstücke des 10. Jahrhunderts aus dem persönlichen Besitz Theophanus, sind der beste Beweis für die Anregungen, die auf diesem Wege der ottonischen Renaissance zugekommen sind. Im Mittelpunkt dieser Renaissance stand eine Frau. Ihrem beispiellosen Geschick war es – wenn auch nur für kurze Zeit und wenn auch nur in kultureller Hinsicht – gelungen, zwei verfeindete Welten, die doch der gleichen christlichen Familie Europas angehörten, zu einen.

7. Nach 1000 Jahren: Zur historischen Bewertung Theophanus in der Gegenwart

Zu den schwierigsten Aufgaben des Historikers zählt es, eine möglichst zutreffende Bewertung der Gestalten, und insbesondere der herausragenden Gestalten, die den Lauf der Geschichte bestimmen, zu versuchen. Diese Mühe setzt eine große Treue in der Darstellung der historischen Ereignisse voraus.

Die Bewertung des Wirkens der Kaiserin Theophanu galt nie als einfach. Einen Teil der Gründe haben wir bereits genannt: Zunächst stammte die junge Kaiserin aus einem Land, das zwar beeindruckte und bewundert wurde, aber doch auch immer fremd blieb. Fremd war die Sprache Ost-Roms, fremd die Art, sich zu kleiden, aufzutreten, zu denken. Schwer verständlich waren die religiöse Praxis, der liturgische Kult, ein christliches Weltverständnis, in dem so viele Heilige und verehrungswürdige Ikonen ihren Platz fanden, das eine so reiche Produktion sakraler Kunst, theologischer Schriften und Bauwerke hervorgebracht hatte. Zu unterschiedlich waren auch die Psychologie und das Temperament einer jungen Frau, die dem Hochadel des mächtigsten Reiches der Christenheit angehörte, ihr politisches Credo und ihre diplomatische Erfahrung, schließlich wohl auch die Rolle, die eine Frau in der griechisch-römischen Gesellschaft des christlichen Ostens spielen durfte.

Aus all diesen Gründen blieb Theophanu am sächsischen Hof zeitlebens eine Fremde. Die hohen Würdenträger des Reiches, Bischöfe und Fürsten, Mönche und Nonnen bewunderten sie, neideten aber auch ihren Erfolg und unterschieden sie von den anderen kaiserlichen Frauen durch den Namen: „imperatrix Graeca", „Griechische Kaiserin". Im erst jüngst gegründeten, noch immer zwischen weiten und gefährlichen Wäldern verstreuten Westreich gab es kaum Verständnis für ihren eigentlichen Namen Theophanu – trotz seiner hoheitsvollen Schönheit und seines tiefgründigen theologischen Sinns („theophania" = Gotteserscheinung).

Theophanu mußte in einer auch für sie fremden und eigenartigen Umgebung wirken, die ihr kulturell weit unterlegen war. Kaum hatte sie die Zeit, ihre schier unerschöpflichen und so ungewöhnlichen Kräfte einzusetzen. Wie kurz mußten ihr diese zwanzig Jahre des 10. Jahrhunderts im ottonischen Reich erscheinen, das keine Zentralgewalt kannte und ohne Hauptstadt blieb. Theophanu hingegen stammte aus Konstantinopel, der „urbs regia", „der königlichen Stadt", regiert vom

Im byzantinisch geprägten Herrscherbild Ottos III. spiegelt sich die große Kaiseridee des Imperators des Westreichs.

Im Sinne seiner Mutter Theophanu suchte der junge Kaiser ein Gesamteuropäisches Reich zu verwirklichen. Rom sollte die Hauptstadt sein. Der Bau seines Kaiserpalastes auf dem Aventin war bereits begonnen. Durch die geplante Heirat mit der byzantinischen Prinzessin Zoê bzw. Theodora strebte er gar zu einem universalen christlichen Reich. Alle hochfliegenden Pläne wurden durch den frühen Tod Ottos III. (mit 21 Jahren) zunichte gemacht.

„vicarius Dei", „dem Statthalter Gottes", der sich als heiliger Kaiser und direkter Nachfolger der antiken Cäsaren Roms verstand und als unerschrockener Hüter der Orthodoxie (Rechtsgläubigkeit) des Glaubens das Leben des staatgewordenen Reiches Christi und seiner Mutter belebte und führte.

Theophanu war keine gewöhnliche Frau, die man vielleicht hätte übersehen oder vergessen können. Sie verdankte ihre Erziehung dem heiligsten Palast der Christenheit: dem Heiligen und Großen Palast von Konstantinopel. Dort hatte sie eine für ihre Zeit vorbildliche kulturelle und sittliche Ausbildung erhalten. Nur wenige ihrer Zeitgenossen und noch weniger Frauen – konnten ein ähnliches intellektuelles und spirituelles Niveau vorweisen.

Für eine fremde, fast feindliche Welt bestimmt, verstand es Theophanu, groß zu sein. Sie verausgabte ihr ganzes Leben für die Familie der Ottonen und ihr neues Vaterland, obwohl ihre schwache Gesundheit oft genug zur lebensgefährlichen Bedrohung wurde.

Unermüdlich bereiste sie im Interesse der regierenden Dynastie das Reich. So kam sie von Nimwegen nach Quedlinburg, von Quedlinburg nach Frankfurt, von Frankfurt nach Mailand und Ravenna, weiter nach Rom und Rossano und zurück nach Deutschland. Dank kluger und freundschaftlicher Berater wie Erzbischof Willigis von Mainz konnte sie das Reich, an dessen Spitze später ihr Sohn treten sollte, umsichtig regieren. Diplomatisch geschult verstand sie es, die antideutsche Partei in Rom zu beruhigen, den Thronstreit in Frankreich zu kontrollieren, freundschaftliche Beziehungen zu Böhmen, Polen, Lothringen, Burgund, Holland und dem Königreich Italien zu unterhalten und so die Reichsgrenzen zu sichern. Obwohl Thietmar von Merseburg ihr in seiner Bewunderung für ihre Regierungsweise fast männliche Züge verlieh, war Theophanu eine sehr weibliche Frau. Man denke allein an ihre aufwendige Art, sich zu kleiden. Den Sinn für Eleganz verdankte sie dem Hof von Konstantinopel. Im Bewußtsein ihrer Herkunft hielt sie sich im Zentrum der Ereignisse auf. Direkt und indirekt beeinflußte sie nachhaltig die Kunst und Kultur des Westens. Wenn wir heute von einer „ottonischen Renaissance" sprechen, darf nicht vergessen werden, daß deren Mittelpunkt Theophanu war. Ohne ihr Wirken und ohne ihre lebendige Anteilnahme wäre der besondere Charakter der ottonischen Kunstschule nicht zu erklären.

Und doch ist Theophanu in Europa noch tausend Jahre nach ihrem Tod eine große Unbekannte. Wie ein Schatten scheint ihre Figur über die Straße europäischer Kultur hinweggeglitten zu sein. Die Geschichtsschreibung war und ist der großen Kaiserin, die den kulturellen Frühling nach Westeuropa brachte, bis heute nicht gerecht geworden.

In den Schulbüchern des modernen Griechenlands und Deutschlands nimmt sie entweder gar keinen, oder höchstens einen Nebenplatz ein.

In der von Theophanu so sehr geliebten Stadt Köln tragen eine kleine Straße und ein Platz außerhalb des Stadtzentrums ihren Namen. Seit kurzem ziert eine Statue der Kaiserin den Rathausturm.

Im Juni 1991 aber, tausend Jahre nach ihrem Tod, versammelten sich am Grab der „deutschesten aller deutschen Kaiserinnen" wie einmal zu Recht gesagt worden ist – die beiden großen europäischen Völker, die durch sie in der Person Ottos III. zusammentrafen: die Deutschen und die Griechen.

Ein Jahr vor der Vollendung der europäischen Einheit kündet der heilige Ort ihrer letzten Ruhestätte, in der unvergleichlich vornehmen, kaiserlichen Stille der Kirche St. Pantaleon zu Köln, von dem durch diese große Europäerin eröffneten Weg der Zusammenarbeit und der Freundschaft.

Unsere Aufgabe bleibt es, diese Botschaft durch ein aufmerksames Bedenken der Zeichen der Zeit zu deuten.

„Theophanu piae imperatricis aeterna sit memoria." „Ewig sei das Andenken der frommen Kaiserin Theophanu."

Quellen

H. Ahrweiler, Byzance et la mer, Paris 1966.

H. Ahrweiler, L'ideologie politique de l'Empire byzantin, Paris 1977.

Annales Hildesheimenses, ed. G. Pertz, in: MGH, SS III, Hannover 1839.

Annales Quedlinburgenses, ed. G. Pertz, in: MGH, SS III, Hannover 1839.

J. Beckwith, Early Medieval Art, Thames und Hudson. 1969 (Reprinted 1985).

H. Benrath, Die Kaiserin Theophano, Stuttgart 1940.

H. Beumann, Die Ottonen, Stuttgart 1987.

M. Bünding, Das Imperium Christianum und die deutschen Ostkriege vom 10. bis zum 12. Jahrhundert, Berlin 1940.

G. Dagron, Naissance d'une capitale. Constantinople et ses institutions de 330 à 451, Paris 1974.

W. Deeters, Zur Heiratsurkunde der Kaiserin Theophanu, in: Braunschweigisches Jahrbuch 54 (1973), 9–23.

H. Delehaye, Synaxarium Ecclesiae Constantinopolitanae, Bruxellis 1902.

J. Dhondt, Das frühe Mittelalter, Frankfurt am Main 1968.

F. Dvornik, The idea of apostolicity in Byzantium and the Legend of the Apostle Andrew, Cambridge Mass. 1958.

F. Dvornik, Byzance et la primaute romaine, Paris 1964.

J. Fleckenstein / M. L. Bulst, Begründung und Aufstieg des deutschen Reiches, Stuttgart 1970.

C. du Fresne du Cange, Glossarium ad Scriptores Mediae et Infimae Graecitatis, Leyden 1688.

L. Grodecki / F. Mütherich / J. Taralon / E Wormald, Le Siecle de l'An Mil, Paris 1973.

R. Hiestand, Byzanz und das Regnum Italicum im 10. Jahrhundert, Zürich 1964.

R. Holtzmann, Geschichte der Sächsischen Kaiserzeit (900–1024), München 1941.

R. Janin, La Géographie Ecclésiastique de l'Empire Byzantin, Paris 1969 (2. Aufl.).

(Gegen-)Papst Johannes XVI , in: Lexikon für Theologie und Kirche, Bd. 5.

M. Jugie, Le schisme byzantin. Apercu historique et doctrinal, Paris 1941.

I. Karayannopulos, Geschichte des byzantinischen Staates, Thessaloniki 1978–1981 (griech.).

O. Köhler, Die ottonische Reichskirche, in: Adel und Kirche, Festschrift G. Tellenbach, 1968.

R. Köpke / E. Dümmler, Kaiser Otto der Große, Darmstadt 1962 (Nachdruck v. 1867).

E. R. Labande, Mirabilia mundi. Essai sur la Personnalité d'Otton III, in: Cahiers de Civilisation médiévale 6 (1963), 297–313; 455–476.

P. Lemerle, Le premier humanisme byzantin. Notes et remarques sur enseignement et culture à Byzance des origines au Xeme siècle, Paris 1971.

Liudprand von Cremona, Opere, ed. J. Becker, in: MGH, SS rer. Germ., Hannover 1915.

A. Michel, Die griechischen Klostersiedlungen zu Rom bis zur Mitte des 11. Jahrhunderts, in: Ostkirchliche Studien 1 (1952), 32–45.

W. Ohnsorge, Das Zweikaiserproblem im frühen Mittelalter. Die Bedeutung des byzantinischen Reiches für die Entwicklung der Staatsidee in Europa, Hildesheim 1947.

W. Ohnsorge, Die Heirat Kaiser Ottos II. mit der Byzantinerin Theophano (972), in: Braunschweigisches Jahrbuch 54 (1973), 24–60.

G. Ostrogorsky, Geschichte des byzantinischen Staates, München 1963 (3. Aufl.).

H. Paulhart, Die Lebensbeschreibung der Kaiserin Adelheid von Abt Odilo von Cluny, in: Festschrift zur Jahrtausendfeier der Kaiserkrönung Ottos des Großen, Heft 2 (MIÖG 20, 1962).

V. Pheidas, Entstehungsvoraussetzungen der Institution der Pentarchie der Patriarchen, Athen 1969 (griech.).

O. Perst, Die Reihenfolge der Kinder Ottos II. und der Theophano, in: Deutsches Archiv 14 (1958), 230–236.

J. Romanides, Romeosyne, Thessaloniki 1975 (griech.).

Runciman, Byzantine Civilisation, London 1954 (4. Aufl.).

T. Sickel, Das Privilegium Ottos I. für die römische Kirche, Innsbruck 1883.

G. Schlumberger, L'épopée byzantine, Paris 1890–1905.

W. Schadendorf, Die Bernwardstür in Hildesheim, München 1988 (4. Aufl.).

Thietmari Chronicon, ed. V. Lappenberg, in: MGH, SS III, Hannover 1839.

Translatio S. Albini martyris, ed. L. De Heinemann, in: MGH, SS XV 2, Hannover 1888.

M. Uhlirz, Zu dem Mitkaisertum der Ottonen: Theophanu coimperatrix, in: Byzantinische Zeitschrift 50 (1957), 383–389.

M. Uhlirz, Das Werden des Gedankens der Renovatio Imperii bei Otto III., in: I problemi communi dell'Europa postcarolingia, Spoleto 1955.

Vita antiquior S. Adalberti auctore Iohanne Canapario, ed. G. Pertz, in: MGH, SS IV, Hannover 1841.

Vita Bernwardi episcopi Hildesheimensis auctore Thangmaro, ed. G. Pertz, in: MGH, SS IV, Hannover 1841.

H. Wentzel, Das byzantinische Erbe der ottonischen Kaiser. Hypothesen über den Brautschatz der Theophano, in: Aachener Kunstblätter 40 (1971), 15–39 und 43 (1972) 11–96.

K. Weitzmann, Die byzantinische Buchmalerei des 9. und 10. Jahrhunderts, Berlin 1935.

K. Wessel, Die Byzantinische Emailkunst vom 5. bis 13. Jahrhundert, Recklinghausen 1967.

A. W. Ziegler, Die byzantinische Religionspolitik und der sog. Cäsaropapismus, in: Festgabe für Paul Diels, München 1953.

Theophanu
die Kaiserin des Abendlandes

Von Petra May

Das zehnte Jahrhundert hebt sich im Mittelalter durch zahlreiche Frauengestalten hervor, die die Politik ihrer Zeit gestalteten. Es sind Kaiserinnen, Königinnen und Herzoginnen, die den Beginn der deutschen Geschichte mitbestimmten.

Eine dieser Frauen beeinflußte die Politik dreier Sachsenherrscher. Es war die Kaiserin Theophanu, die Schwiegertochter Ottos des Großen, die Gemahlin Ottos II. und die Mutter Ottos III. Ihre Bedeutung für die Kaiserpolitik Ottos des Großen ist in vielen Aufsätzen beschrieben und diskutiert worden, ebenso ihre Herkunft und ihre Heiratsurkunde. Bei vielen Historikern erscheint die Kaiserin als energische und hervorragende Frau, viele der überlieferten Quellen zeichnen ein Bild ihrer Weisheit und Vornehmheit. Doch es wurde in keiner Weise beschrieben, worin ihre eigentlichen Leistungen bestanden haben, wer und was sie war. Leistungen, die sich wohl nicht nur auf einen byzantinischen Einfluß in der deutschen Kunstgeschichte beschränkten. Lediglich Henry Benrath und Alfons Steinberger versuchten den gesamten Werdegang dieser Frau nachzuempfinden, der eine in Form eines Romans und der andere in einer kleinen Monographie, deren Wissenschaftlichkeit angezweifelt werden kann.

Deshalb soll hier der Versuch unternommen werden, das Leben dieser Frau anhand überlieferter Quellen zu beschreiben sowie die Frage nach ihren Leistungen und Ihrer Bedeutung zu beantworten.

Immerhin ist die Kaiserin Theophanu nicht völlig in Vergessenheit geraten. Die Stadt Köln, in der Theophanu zu St. Pantaleon begraben liegt, erinnert durch ein Kaiserin-Theophanu-Gymnasium in Köln-Kalk und eine Steinfigur die den spätgotischen Ratsturm schmückt, an die mittelalterliche Herrscherin. Obwohl schon St. Pantaleon selbst mit seinem von der Kaiserin erbauten imposanten Westwerk ein Zeugnis ihrer einstigen Anwesenheit ablegt. Dort hängt auch die Nachbildung einer der schönsten und prachtvollsten Urkunden des Mittelalters. Es ist die Heiratsurkunde der Kaiserin Theophanu. Das Original befindet sich heute im niedersächsischen Staatsarchiv zu Wolfenbüttel. Und schließlich ließ sich Georg Friedrich Händel durch die Kaiserin zu der Oper „Otto und Theophanu" (1723) inspirieren. Es wurde sein größter Opernerfolg, mit dem er sich in London endgültig durchsetzen konnte.

Was zu dem persönlichen Besitz an Schmuck oder sonstigen Gegenständen der Kaiserin gehörte, läßt sich heute fast nicht mehr bestimmen. Es sind uns aber noch einige bildliche Darstellungen erhalten. Zu ihnen gehören das Elfenbeinrelief im Pariser Museum Cluny, das Elfenbeinrelief im Mailänder Domschatz, das Relief auf dem Ciborium in der mailändischen Kirche Sant Ambrogio und ein Buchdeckel, der des Codex aureus Epternacensis, der sich im Germanischen Nationalmuseum in Nürnberg befindet. Hinzu kommen mehrere Bleimedaillons, die im Nationalmuseum von Helsinki aufbewahrt werden. Wie die von Theophanu erhaltenen bildlichen Überreste in Europa verstreut sind, so ist sie in Quellen und Urkunden erwähnt. So ist uns zum Beispiel das Traumgesicht einer Nonne überliefert, die die Kaiserin in der Hölle erblickt haben will. Auf die Frage der frommen Frau, warum sie denn verdammt sei, antwortete die Kaiserin, sie habe es verdient, weil sie die deutschen Frauen zu Luxus, Überfluß und schönen Kleidern verführt habe. Diese negative Beurteilung ist allerdings kein Einzelfall in der Überlieferung. Denn schon die mittelalterlichen Geschichtsschreiber taten sich, wie dieses Beispiel zeigt, mit der Einschätzung der Kaiserin schwer. Vielleicht ist das der Grund dafür, daß Theophanu keinen Biographen, anders als ihre Schwiegermutter, die Kaiserin Adelheid, fand.

Ganz anders wird übrigens die Kaiserin von Joh. Heinr. Zedler bewertet, er sieht in ihr fast eine Heilige:

„Theophania, des Kaysers Otto III. Mutter, und Gemahlin Ottos des II., starb im Jahr (990), mit dem Ruhme einer großen Heiligkeit, und liegen ihre Reliquien zu Niemägen und zu Cölln in der Kirche St. Pantaleonis." [Joh. Heinr. ZEDLER, Großes vollständiges Universallexikon Bd. 43 (1745 Ndr. 1962)].

Eine griechische Prinzessin als Brücke zwischen Ost und West

Europa teilte sich damals in eine östliche und westliche Welt. Auf der einen Seite stand das hochentwickelte byzantinische Kaiserreich mit seiner verfeinerten Lebenskultur. Auf der anderen Seite stand das westliche Kaisertum, dessen Macht auf einem Königtum basierte und in einer Anzahl eigenwilliger Stämme begründet lag. Denn mit seiner Kaiserkrönung im Jahre 962 hatte Otto I. das von Karl dem Großen begründete Kaisertum neu belebt. Gleichzeitig wurde damit den Byzantinern wiederholt der Anspruch streitig gemacht, der alleinige Erbe des einst mächtigen Römischen Reiches zu sein. Für die Byzantiner konnte es daher nur einen römischen Kaiser, den in Byzanz, geben. Nicht nur, daß Otto der Große den Titel eines römischen Kaisers führen wollte, sondern er verband damit die Herrschaft über ganz Italien. Jedoch gehörte Süditalien, Apulien und Kalabrien zum byzantinischen Reich.

Der Konflikt blieb unausweichlich. Verhandlungen erwiesen sich als sehr schwierig. Erst nach einigen Jahren konnte eine Lösung gefunden werden. Der Friede sollte durch eine Heirat zwischen einer griechischen Prinzessin und dem Sohn Ottos des Großen, Otto II., dokumentiert werden. Dafür sollte Otto I. auf seine süditalienischen Ansprüche verzichten und sich Kaiser, wenn auch nicht mit dem Zusatz „römisch“, nennen dürfen.

Zu Beginn des Jahres 972 wurde eine Delegation unter dem Kölner Erzbischof Gero nach Byzanz entsandt, um die Kaisertochter in Empfang zu nehmen. Theophanu war zwar nicht die Tochter des byzantinischen Herrschers Johannes Tzimiskes, aber als Nichte die nächste weibliche Verwandte des kinderlosen Kaisers.

Theophanu verkörpert damit den Abschluß der Bemühungen Ottos des Großen um die Anerkennung und Gleichberechtigung des westlichen Kaisertums. In dieser Frau trafen sich zwei Kulturen und Welten, für die sie die Brücke der Verständigung bildete. Von daher läßt sich auch das Traumgesicht als eine Verarbeitung der für die damaligen Verhältnisse fremden und luxuriös erscheinenden Welt deuten.

Hochzeit und Heiratsurkunde

Gerade 17 Jahre alt war Theophanu, als sie mit einem gleichaltrigen jungen Mann verheiratet werden sollte, dessen Volk den Byzantinern eigentlich als barbarisch und unzivilisiert galt.

Im Frühjahr 972 legte das Schiff, das sie aus Byzanz brachte, in Benevent an. Von dort aus führte sie ihr Weg nach Rom. Der Papst selbst vollzog die Trauung und krönte Theophanu zur Kaiserin. Von dieser prachtvollen Hochzeit zeugt noch heute die erhaltene Heiratsurkunde. Sie ist Brautgeschenk, Witwenversorgung und Ehevertrag zugleich. In ihr wird die Erhebung Theophanus zur „consors imperii", zur Mitkaiserin, dokumentiert. Das ist die Frau, die an der Seite ihres Mannes steht und regiert. Theophanu war sich dieser Würde wohl bewußt, hatte es doch hervorragende Beispiele von Herrscherinnen in der byzantinischen Geschichte gegeben.

Leben und Politik zu Lebzeiten Ottos II.

Im August 972 betrat die junge Griechin zum erstenmal deutschen Boden. Ihr erster Aufenthalt war das Kloster St. Gallen am Bodensee, das zu jener Zeit eine der bedeutendsten Pflegestätten der Kunst- und Geisteskultur war. Dort beherrschte man nicht nur die griechische Sprache, sondern das Kloster galt als ausgesprochen griechenfreundlich. St. Gallen hinterließ einen guten Eindruck bei der jungen Kaiserin, denn sie setzte sich dafür ein, daß dem Kloster seine Rechte bestätigt wurden.

Im Spätsommer zog die kaiserliche Familie vom Bodensee den Rhein herab in den Herbst. Wie anders stellte sich jedoch dieses Land Theophanu im Gegensatz zu Byzanz und Griechenland dar. Byzanz war die traditionsreiche und glanzvolle Hauptstadt eines mächtigen Reiches. Prächtige und großartige Bauten, Paläste und Kirchen schmückten die Stadt. Als Krone erstrahlte die Hagia Sophia mit ihrem gewaltigen Kuppelbau in Gold und Marmor: ein Meisterwerk der byzantinischen Baukunst. Die Stadt selbst war umgeben von starken Befestigungsmauern und Wachbastionen, deren Überreste noch heute mächtig erscheinen. Es war die Nahtstelle zweier Kontinente, Europa und Asien, umgeben von einem Meer, das der Stadt eine einzigartige Atmosphäre verlieh.

Dagegen konnten die Wälder Germaniens nur undurchdringlich und unheimlich wirken; Wälder, die in Griechenland schon längst der Zivilisation gewichen waren. Hinzu kam das rauhe Klima. Kein Verkehrssystem und keine Stadtkultur prägten dieses Land. Es war eine bäuerliche Gesellschaft, die hier und da Kleinodien der Baukunst bot.

Nicht nur die Umgebung, sondern auch die politischen Verhältnisse mußten Theophanu seltsam anmuten. In Byzanz war der Kaiser Autokrat, fast unumschränkter Herrscher. Ihm stand ein Beamtenapparat

Heinrich, der Zänker, der Herzog von Bayern, der für die partikularen Bestrebungen der einzelnen Fürsten steht. Nachdem es ihm nicht gelungen war, Otto III. in seiner Gewalt zu behalten und er sich 985 in Frankfurt unterwarf, blieb er darauf bis zu seinem Tod dem König treu ergeben.
(Buchmalerei von Niedermünster in Regensburg)

zur Verfügung, der Befehle weiterleitete und ausführte. Der Kaiser residierte in einem Palast mit allem Komfort der damaligen Zeit. Er reiste nicht wie der westliche Herrscher von Pfalz zu Pfalz, ständig darauf bedacht, Zustimmung zu seiner Herrschaft zu finden.

Bereits ein Jahr nach der Ankunft Theophanus starb Otto der Große. Er hatte durch seine starke Persönlichkeit verhindert, daß sein Sohn Otto zu einem selbständigen Herrscher herangewachsen war. Nun nahm seine Witwe, die Kaiserin Adelheid, die dominierende Rolle ein, was durch die Jugend Ottos und die Unsicherheit seiner jungen Frau begünstigt wurde. Doch dies sollte sich schnell ändern.

Trotzdem herrschte in der kaiserlichen Familie ein friedliches Einvernehmen. Darüber hinaus pflegte Kaiserin Adelheid sehr gute Beziehungen zu ihrem Neffen Herzog Heinrich von Bayern und dessen Schwester Hadwig, der Gemahlin des alten Herzogs Burchard von Schwaben. Zwei Todesfälle sorgten 973 jedoch für die ersten familiären Differenzen. Denn nach dem Tode Bischofs Udalrich von Augsburg gelang es dem Bayernherzog zusammen mit seinem Schwager Burchard, das wichtige Bistum Augsburg mit seinem gleichnamigen Vetter mütterlicherseits zu besetzen. Der Kandidat gehörte also nicht der kaiserlichen Familie an. Otto II. fühlte sich übergangen. Als kurz darauf der altersschwache schwäbische Herzog starb, plante Herzog Heinrich, durch eine rasche Vermählung seiner Schwester, der jungen Herzoginwitwe, Einfluß auf die Neubesetzung des Herzogtums zu gewinnen. Otto durchkreuzte seine Pläne und belehnte seinen Neffen Otto mit Schwaben. Heinrich inszenierte daraufhin eine Verschwörung, die rechtzeitig entdeckt werden konnte. Der Bayernherzog wurde in Haft gesetzt. Mit dieser Verschwörung verblaßte auch die Autorität Adelheids; nun gewann Theophanu an Einfluß. Die junge Kaiserin hatte inzwischen gelernt, wie die Kanäle der Einflußnahme funktionierten.

In Rom hatte Theophanu den Sachsen Willigis kennengelernt, der sich durch sein Amt als Kanzler ständig in der Nähe der kaiserlichen Familie aufhielt. Nachdem 975 der Mainzer Erzbischofsstuhl vakant wurde, setzte sie sich dafür ein, daß Willigis zum neuen Erzbischof erhoben wurde. Damit traf Theophanu eine wichtige und richtige Personalentscheidung wie sich später herausstellen sollte. Denn der Mainzer Erzbischof stand nicht nur an der Spitze des deutschen Episkopates, sondern die Größe seines Sprengels, seine kirchlichen Rechte und seine Stellung als Erzkanzler zeichneten ihn vor allen anderen geistlichen und weltlichen Amtsträgern aus. Durch ein päpstliches Privileg erhielt er schließlich auch unter anderem das Recht bestätigt, den König zu salben und zu krönen. War die Salbung und Krönung von staatsrechtlicher Bedeutung, so konnte dieses Recht bei Thronstreitigkeiten eine entscheidende Rolle spielen, wenn es darum ging, für wen der „legitimierte Kröner" seine Stimme erhob.

Zwei weitere Aufstände Heinrichs von Bayern, 976 und 977, zeigten Theophanu, wie angreifbar das Königtum war. Sie erkannte die Bedeutung richtiger Personalentscheidungen und der Pflege persönlicher Beziehungen. Heinrich, der später den Beinamen der Zänker erhielt, verlor Amt und Herzogtum und wurde nach Utrecht zu Bischof Folkmar verbannt. Daß diese Aufstände wirklich die Grundfesten der Herrschaft erschütterten, beweist die hohe Zahl der Anhänger, die Heinrich jedes Mal für sich gewinnen konnte.

Theophanu und Otto hatten inzwischen bereits den ersten Nachwuchs bekommen. Tochter Adelheid wurde 977 geboren, die später einmal, 999, Äbtissin in Quedlinburg werden sollte. Die Geburt der zweiten Tochter, im Frühsommer 978 geschah im Angesicht großer Gefahr. Denn kaum waren die inneren Unruhen beigelegt, stand der westfränkische König Lothar im wahrsten Sinne des Wortes vor der Tür. Die Überraschung muß groß gewesen sein, als das Kaiserpaar, das sich gerade in Aachen aufhielt, gewahr wurde, daß Lothar binnen kurzer Zeit die Pfalz erreichen und Lothringen erobern wollte. Otto II. und Theophanu, die hochschwanger war, blieb nichts anderes übrig, als zu fliehen.

Lothars Einfall und Ottos Gegenzug führten zu keinem Ergebnis. Beide versöhnten sich im Jahr 980, wobei Lothar ganz auf Lothringen verzichtete. Im gleichen Jahr wurde ein Sohn, Otto III., geboren. Durch die Geburt des männlichen Nachfolgers hatte sich die Stellung der Kaiserin endgültig gefestigt.

Theophanus politisches Wirken spiegelt sich nicht nur in den Urkunden dieser Zeit, sondern auch in einer zeitgenössischen Darstellung wider. Es handelt sich hierbei um das bereits erwähnte Elfenbeinrelief aus dem Pariser Museum Cluny. Diese Darstellung ist nach einem byzantinischen Vorbild angefertigt worden. Theophanu und ihr Gemahl, und das ist das Außergewöhnliche daran, werden darauf als „Basilissa" und „Basileus", als byzantinische Kaiserin und byzantinischer Kaiser, abgebildet. Zwischen ihnen erhebt sich eine übergroße Jesusfigur, die über beide ihre schützende Hand hält. Die kleine kauernde und bärtige Gestalt ist Johannes Philagathos, ein aus Rossano in Kalabrien stammender Mann griechischer Herkunft. Er stieg zu einem der engsten Vertrauten der Kaiserin auf. Über dem Kaiserpaar liest sich ihre Stellung als „Kaiser der Römer" in griechischen und lateinischen Lettern. Dabei hatte der Friede mit Byzanz 972 doch zum Inhalt gehabt, daß der westliche Kaiser gerade auf den Zusatz „der Römer" verzichtete. Die Situation hatte sich jedoch verändert. Denn durch Theophanu wurde jetzt das byzantinische Element legitim vertreten. Sie konnte sogar Ansprüche auf den Besitz Süditalien erheben, insbesondere da ihr Oheim Johannes Tzimiskes verstorben (976) und sie seine nächste Verwandte war.

Das Elfenbeinrelief zeichnet sich noch durch die gleichartige und gleichgroße Abbildung der Herrscherin und des Herrschers, in der vor Gott die gemeinsame Herrschaft zur Geltung gebracht wird, aus. Es war die erste Darstellung dieser Art im Westen, sonst wurden die Frauen im allgemeinen viel kleiner entsprechend ihrer Stellung dargestellt.

Theophanu hat die Süditalien- und Kaiserpolitik Ottos II. begründet. Doch der Kaiser erlitt 982 in Süditalien eine verheerende Niederlage gegen die Sarazenen. Diese hatten sich in Sizilien festgesetzt und machten von dort aus das byzantinische Unteritalien unsicher. Trotz dieser Niederlage gab der Kaiser seine Pläne nicht auf. Sie fanden im Juni 983 die Zustimmung der italienischen und deutschen Fürsten auf dem Reichstag in Verona. Dort wurde auch die Wahl und Krönung des dreijährigen Otto in Aachen beschlossen, der zur Erziehung dem Kölner Erzbischof Warin übergeben werden sollte.

Doch zur gleichen Zeit, als Otto Weihnachten 983 in Aachen zum König gekrönt wurde, erkrankte sein Vater in Rom so schwer, daß er im Beisein Theophanus starb.

Otto II. ist der einzige Kaiser deutscher Herkunft, der sein Grab in Rom gefunden hat, wo er noch heute in einem schlichten, aber würdigen Sarkophag in der Peterskirche gebettet liegt.

Die Auseinandersetzungen um den Thron 984 und 985

Nach den Trauerfeierlichkeiten begab sich die Kaiserin zu ihrer Schwiegermutter nach Pavia. Dort hielt sich gerade der Abt von Bobbio, Gerbert von Aurillac, auf, der als einer der größten Gelehrten seiner Zeit galt. Er erhielt von Theophanu den Auftrag, nach Reims zu gehen und sie von dort aus über die Lage in Deutschland zu unterrichten. Sie selbst blieb in Italien, da die Reise über die Alpen im Winter sehr beschwerlich und gefährlich war. Was die Kaiserin nicht wissen konnte, war, daß sich Heinrich der Zänker aus seiner Haft befreit hatte und als Vormund Ottos III. auftrat. Erzbischof Warin vertraute daraufhin das königliche Kind Heinrich an. Damit schien die Frage, wer für das Kind regieren sollte, geklärt. Denn nach germanischem Recht stand Heinrich als dem nächsten männlichen Verwandten die Vormundschaft zu.

Rechtsbrauch und Wirklichkeit können jedoch auseinandergehen. Dies um so mehr, wenn es sich um ein Zeitalter handelt, das noch stark gewohnheitsrechtlich geprägt war. Und schließlich ließen sich Frauen und Mütter nicht einfach verdrängen. Dafür gibt es allein schon in ottonischer Zeit zahlreiche Beispiele. Die Schwester Ottos des Großen, die westfränkische Königin Gerberga, regierte für ihren Sohn König Lothar, ihre Schwester Hadwig, die Herzogin von Franzien, für Hugo Capet, ihre Tochter Beatrix, die Herzogin von Oberlothringen, für ihren Sohn Dietrich und schließlich die bayerische Herzogin Judith für Heinrich den Zänker selbst.

Die Entscheidung, wer für den König regieren sollte, hing letztlich von der Haltung der Fürsten ab. Ihre Zustimmung war nicht nur bei jedem Thronwechsel erforderlich, sondern ein König war auf sie während seiner ganzen Regierungszeit angewiesen.

Theophanu war unterdessen in Deutschland in Verruf geraten. Ihr wurde die Schuld an der Niederlage des Kaisers in Süditalien gegeben, womöglich noch an seinem Tod. Denn, so urteilte mancher Zeitgenosse, der Leichtsinn der Frauen und ihr schlechter Rat treibe die Männer nur ins Unglück. Eine solche Frau, die zudem noch Griechin war, konnte und durfte nicht in Deutschland herrschen.

Ungeachtet dieser Gerüchte formierten sich die Anhänger der Kaiserin, darunter Willigis von Mainz. Deutschland spaltete sich in zwei Parteien, die eine, die hinter Heinrich stand, und die andere, die für Theophanu und ihre Rechte eintrat. Dabei stellte sich schnell heraus, daß Heinrich mehr als die Vormundschaft wollte. Er ließ sich bereits zu Ostern 984 in Quedlinburg selbst zum König wählen. Doch zum König geweiht zu werden, das erreichte er nicht. Es kam zu schweren Kämpfen. Schließlich mußte Heinrich dem Machtpotential der Kaiserin, die inzwischen nach Deutschland zurückgekehrt war, weichen und Otto III., das „Unterpfand der Herrschaft" freigeben.

Heinrich wurde von der Kaiserin nicht verurteilt, denn sein Vorgehen war nicht ganz ohne eine rechtliche Basis gewesen. Deshalb verlangte er auch, wieder mit seinem alten bayerischen Herzogtum belehnt zu werden. Allerdings herrschte dort inzwischen ein anderer Herzog, Heinrich der Jüngere. Ein neuer Konflikt brach aus. Bevor er jedoch zu einer ernsthaften Gefahr für das Königtum werden konnte, fanden sich die fürstlichen Frauen auf einer „Frauenfriedenstagung" in Metz zusammen, um nach einer Lösung zu suchen. Auf dieser ersten Friedensinitiative der Frauen in der deutschen Geschichte trat vor allem eine wichtige Beraterin der Kaiserin, die Herzogin Beatrix von Oberlothringen, hervor. Das Ergebnis dieser Tagung war, daß Heinrich der Zänker für eine Verständigung gewonnen werden konnte. Daraufhin verhandelte Theophanu mit dem bayerischen Herzog Heinrich dem Jüngeren.

Im Juni 985 wurde in Frankfurt der Friede endgültig besiegelt. Heinrich erkannte die vormundschaftliche Regierung der Kaiserin offiziell an und huldigte Otto III. Daraufhin erhielt er sein altes Herzogtum zurück, während Heinrich der Jüngere mit Kärnten entschädigt wurde. Nicht nur Heinrich der Zänker war von Theophanu wieder in Gnaden aufgenommen worden, sondern die ganze ihn, vor allem in Bayern, unterstützende Geistlichkeit, ausgenommen Warin von Köln. Dank dieser Versöhnungspolitik, die auch den sonstigen Anhängern Heinrichs zugute kam, gelang es der Kaiserin, die gesamte vormundschaftliche Regierung in friedliche Bahnen zu lenken.

Am Osterfest des nächsten Jahres veranstaltete die Kaiserin einen wahrhaft prächtigen Hoftag in Quedlinburg. Vor zwei Jahren hatte sich hier Heinrich der Zänker zum Gegenkönig wählen lassen. Nun wurde dieser Ort die Stätte der Macht Theophanus und der Kontinuität der ottonischen Dynastie. Wie bei dem Krönungsmahl Ottos des Großen dienten vier Herzoge in symbolischer Weise in den vier Hofämtern. Heinrich der Zänker diente als Truchseß, Konrad von Schwaben als Kämmerer, Heinrich der Jüngere, nun Herzog von Kärnten, als Mundschenk und Bernhard von Sachsen als Marschall. Selbst die beiden Slavenfürsten Boleslaw von Böhmen und Mieszko von Polen waren erschienen und brachten der Kaiserin ein für die damaligen Verhältnisse aufsehenerregendes Geschenk, ein Kamel, dar.

Trotz ihres Erfolges Heinrich gegenüber und all denjenigen, die ihre Regierungsfähigkeit bezweifelt hatten, stand Theophanu vor zahlreichen ungelösten Problemen, die das Reich von außen zu erschüttern drohten.

Die Außenpolitik Theophanus – Frankreich und Lothringen

Während Theophanu um ihre Rechte kämpfte, war König Lothar wieder in Lothringen eingefallen. Diesmal konnte er die strategisch wichtige Festung Verdun einnehmen und Graf Gottfried von Verdun, der dem Einfall hartnäckig Widerstand geleistet hatte, gefangennehmen. Die Kaiserin war sofort nach der Beendigung des Thronstreites im August 985 nach Niederlothringen aufgebrochen. Von Köln aus wollte sie militärische Schritte unternehmen und mit Lothar verhandeln. Doch bevor es überhaupt zu Verhandlungen kam, war der König im März 986 im Alter von 44 Jahren an den Folgen eines Jagdunfalles gestorben. Sein Nachfolger wurde sein noch unerfahrener und junger Sohn Ludwig. Seine Mutter, die Königin Emma, und der Reimser Erzbischof Adalbert rieten ihm, mit der Kaiserin Frieden zu schließen. Doch er schlug ihren Rat aus und hörte auf seinen Onkel, Herzog Karl von Niederlothringen.

Karl, der Bruder des verstorbenen Königs, der sich mit ihm überworfen hatte, war erst 978 von Otto II. mit Niederlothringen belehnt worden. Nun schien Karl selbst die Macht im westfränkischen Reich übernehmen zu wollen, denn Königin Emma wandte sich hilfesuchend an Theophanu. Daraufhin zog die Kaiserin starke Truppenverbände zusammen. Ludwig blieb nichts anderes übrig als einzulenken. Der Friedensprozeß wurde jedoch jäh im Mai 987 unterbrochen. Ludwig war vom Pferd gestürzt und hatte den Sturz nicht überlebt.

König Ludwig hinterließ keinen legitimen Erben, der ihm direkt auf den Thron hätte folgen können. Die nächsten männlichen Verwandten waren die noch lebenden Brüder seines verstorbenen Vaters Lothar. Zwei von ihnen waren jedoch in den geistlichen Stand getreten und schieden daher für eine Nachfolge aus. Übrig blieb allein der 34 Jahre alte Karl von Niederlothringen. Eine Nachfolge Karls konnte nicht im

Sinne Theophanus sein. Auf der einen Seite sprach sein Verhalten während der kurzen Regierungszeit Ludwigs gegen ihn, und auf der anderen Seite, daß er als König wohl nicht auf Lothringen verzichtet hätte. Daher schien Theophanu Hugo Capet, ein Vetter Karls, der geeignete Mann, um den Thron zu besteigen. Seine Familie, die Robertiner, hatten dem karolingischen Königshaus schon oft Widerstand geleistet und sogar schon selbst zur Krone gegriffen. Aber Hugo brauchte Hilfe, wollte er König werden und Theophanu war bereit, sie ihm für eine entsprechende Gegenleistung zu geben. Die Kaiserin nahm geheime diplomatische Verhandlungen zu Hugo Capet auf, gleichzeitig konnte sie Adalbero von Reims für ihren Plan gewinnen. Dem Erzbischof stand als demjenigen, der das Recht hatte, den König zu salben und zu krönen, eine entscheidende Stimme zu. Ihm war wohl bewußt gewesen, daß Hugo zwar von vornehmer, doch Karl von rechtmäßiger Abstammung war. Trotzdem sprach er sich für Hugo aus, der tatsächlich im Sommer 987 zum König gewählt und von Erzbischof Adalbert selbst zum König gekrönt worden ist.

Nachdem Hugo König war, ließ er erwartungsgemäß die Festung Verdun räumen und ordnete die Freilassung des Grafen Gottfried an. Allerdings befand sich der Graf in den Händen zweier Anhänger Karls, Ottos von Blois und Heriberts von Troyes, die für die Freilassung eine territoriale Entschädigung in Lothringen forderten. König Hugo war noch nicht stark genug, um die Mißachtung seiner Anordnung zu bestrafen. Die Kaiserin konnte aber einen derartigen Erpressungsversuch in ihrem Machtbereich nicht dulden, allein um weiteren Forderungen und Eigenmächtigkeiten Einhalt zu gebieten. Sie begab sich selbst in das umstrittene Gebiet und wollte an der Einnahme Chevremonts teilnehmen. Daraufhin planten die beiden Grafen ein Attentat auf die Kaiserin, das zeitlich auf ihre Ankunft in Chevremont festgelegt wurde. Der Anschlag konnte gerade noch rechtzeitig durch die Warnung Adalberts von Reims und Gerberts von Aurillac verhindert werden. Damit war die Kaiserin direkt in die Kämpfe zwischen Hugo Capet und Karl von Niederlothringen verwickelt worden, die nach der Krönung Hugos ihren Anfang genommen hatten. Beide streitenden Parteien wandten sich daher an die Kaiserin, daß sie als Vermittlerin zur Lösung des Konflikts beitragen sollte. Sie vermied es aber, sich offen auf eine Seite zu stellen, obwohl sie Karl im Geheimen eine gewisse Unterstützung zusagte. Sie tat dies, weil sich Hugo doch als zu selbständig erwiesen hatte: er hatte sogar Beziehungen zum byzantinischen Hof

*Der Echternacher Buchdeckel (Codex Aureus Epternacensis) zeigt die beiden Stifter,
Otto III. und Theophanu in den unteren Zwickeln rechts und links.
(Germanisches Nationalmuseum, Nürnberg)*

angeknüpft, um ein Sicherheitsbündnis gegen das Reich abzuschließen. Für den Fall, daß Hugo an die expansive Politik Lothars anknüpfen wollte, brauchte er einen starken Gegenspieler. Dafür war Karl der geeignete Mann, falls er im Kampf um die Krone unterlegen sein sollte. Doch die Dinge nahmen einen ganz anderen Verlauf.

Schließlich gelang es König Hugo während der sich lange hinziehenden Verhandlungen und Kämpfe, Herzog Karl und seine Familie am Palmsonntag des Jahres 991 durch Verrat in der Festung Laon gefangen zu nehmen. Erst damit war die endgültige Entscheidung gefallen. Die Karolinger wurden für immer abgelöst. Kurze Zeit darauf kam der Herzog in den Kerkern Hugos in Orleans zu Tode.

Theophanu war nach dem Empfang dieser Nachrichten sofort nach Niederlothringen aufgebrochen. Sie erfuhr dort, daß Karls Sohn Otto sich nicht in Laon aufgehalten hatte, ließ ihn zu sich bringen und machte den jungen Mann zum neuen Herzog Niederlothringens. Damit hatte König Hugo einen Gegenspieler, der das, was seiner Familie widerfahren war, nicht vergessen würde. Theophanu wußte dies, und die Zukunft gab ihr recht. Herzog Otto war ein treuer Anhänger der Ottonen, bis er starb. Lothringen war gesichert, und König Hugo war zu Friedensverhandlungen bereit, die nur noch zum Abschluß gebracht werden mußten.

Die Befestigung der Ostgrenze

Unabhängig von der Niederlage Ottos II. in Süditalien und seinem plötzlichen Tod, hatten die Slaven das ottonische Grenz- und Missionsgebiet an der mittleren Elbe zerschlagen. Die Hintergründe für diesen Aufstand sind wohl in den Bedrückungen durch die deutschen Grafen zu sehen. Gleichzeitig waren die Dänen in das Land eingefallen. Die Thronfolge hatte den Gedanken an eine mögliche Rückgewinnung der verlorengegangenen Gebiete verhindert. Hinzu kam, daß es Heinrich dem Zänker gelungen war, sich zeitweilig mit den beiden Slavenfürsten zu arrangieren. Nachdem Heinrich seine Pläne im Juni 985 in Frankfurt endgültig aufgegeben hatte, ordnete die Kaiserin sofort eine Expedition in das Land der Slaven an.

In demselben Jahr war Rikdag gestorben, unter dem die Mark Meißen zu großer Bedeutung gelangt war, die aber durch die Slaven erhebliche Schäden erlitten hatte. Theophanu übergab Ekkehard, dem Sohn des thüringischen Grafen Gunther, die Mark Meißen zum Wiederaufbau und zur Verteidigung. Dank dieser richtigen Personalentscheidung gelang es dann, die Böhmen aus der Mark zu vertreiben. Die sächsische Nordmark erhielt ebenfalls einen neuen Markgrafen, denn Thiederich, der ganz unschuldig an den Aufständen gewesen war, war gleichfalls aus dem Leben geschieden. Sein Nachfolger wurde der Graf Liuthar von Walbeck, ein Oheim des späteren Geschichtsschreibers Thietmar von Merseburg, dem wir wichtige Nachrichten über die Kaiserin verdanken.

In dem darauffolgenden Jahr 986 erschienen die beiden Slavenfürsten, Boleslaw von Böhmen und Mieszko von Polen, auf dem großen Hoftag zu Quedlinburg, um ihren friedlichen Willen zu bekunden.

Die Kaiserin hatte mehrere Feldzüge in das Land der Slaven unternehmen lassen, woran sie zum Teil selbst teilgenommen hatte. Dadurch war es ihr gelungen, die Slaven und zahlreiche zerstörte Burgen an der Elbe wiederherzustellen. Damit waren zwar nicht alle erlittenen Verluste an der Ostgrenze ausgeglichen worden, doch vorerst drohte von dort aus keine ernsthafte Gefahr mehr.

Die Italienpolitik – Romreise und Kaisertum

Nachdem Theophanu die Ost- und Westgrenze des Reiches gesichert hatte, wollte sie im Süden dessen Rechte geltend machen. Im Herbst 989 brach sie nach Italien auf. Der Grund ihrer Reise lag in erster Linie in der Demonstration der kaiserlichen Macht, die ihr, der Kaiserin, zustand. Die Sichtbarmachung ihrer westlichen imperialen Würde galt aber auch ihrer Heimat Byzanz, dem östlichen Kaisertum. Die Byzantinerin wollte zum Ausdruck bringen, daß das westliche Kaisertum fortbestand, und zwar durch die byzantinische Institution des weiblichen Mitkaisertums. Denn als „coimperatrix" konnte sie aus eigener Machtvollkommenheit kaiserliche Rechte wahrnehmen, wozu ihr Sohn nicht in der Lage war. Dieser Kontinuitätsbeweis diente gleichsam den Ansprüchen Ottos auf das Kaisertum.

Eine der wichtigsten Aufgaben, die sich Theophanu in Italien stellten, war die Ordnung der oberitalienischen Finanzen, die die Grundlagen ihrer Italienpolitik gewährleisteten. Sie unterstellte die königliche Kammer in Pavia dem bereits erwähnten Johannes Philagathos.

Bereits 980 war Johannes Philagathos von Otto II. zum Kanzler für Italien bestellt worden. Dieser hochgebildete und ehrgeizige Mann hat-

Bildnis der Kaiserin Theophanu im sogenannten Liber-Generationis-Blatt des „Evangeliars aus St. Gereon" in Köln. (Historisches Archiv der Stadt Köln)

te dann sehr schnell die persönliche Wertschätzung der Kaiserin erlangt. Auf ihren Wunsch hin wurde Johannes zum Abt von Nonantola bestellt, einem der wichtigsten Reichsklöster in Italien.

Das Amt des Vorstehers der königlichen Kammer hatte sich bisher in der Hand einer einheimischen Familie befunden, was offenbar zu Mißbrauch geführt hatte. Daher fand die Neubesetzung nicht das ungeteilte Wohlwollen aller Italiener. Denn in den Quellen wird die griechische Kaiserin im gleichen Atemzug mit dem Griechen Johannes genannt, der als teuflisch, ketzerisch und abtrünnig beschrieben wird. Vielleicht liegt der Grund seiner Geringschätzung darin, daß er seine Aufgabe, die königlichen Finanzen zum Nutzen der Kaiserin umzuorganisieren, mit größter Sorgfalt erfüllte.

Theophanu hatte aber noch größere Pläne für Johannes Philagathos. Sie verfügte seine Erhebung zum Bischof von Piacenza, das gleichzeitig zum Erzbistum erhoben wurde. Piacenza lag im Herzen des italienischen Königreiches, unweit dem Herrschaftszentrum Pavia. Deshalb sollte ein Vertrauter des kaiserlichen Hauses dieses wichtige Erzbistum verwalten. Im Juni 990 beauftragte Theophanu den nun zum Erzbischof erhobenen Johannes zum zweiten Mal mit der Kanzlerschaft für Italien. Das war ungewöhnlich. Denn nun unterstand ein Kanzler, der Erzbischof war, einem Erzkanzler, Petrus von Como, der lediglich die Bischofswürde innehatte. Außerdem verpflichtete sie Johannes, in Italien als Königsbote zu wirken, ein Amt, das diplomatische, verwaltungs- und gerichtsmäßige Angelegenheiten zum Inhalt hat.

Die Aufgaben, mit denen Johannes Philagathos betraut wurde, zeigen seine exponierte Stellung, die allein dazu gedacht war, die italienische Politik der Kaiserin zu unterstützen. Zweifelsohne ist er einer der wichtigsten und wohl undurchschaubarsten Persönlichkeiten, die zum persönlichen Umfeld der Kaiserin gehörten. Seine glanzvolle politische Karriere endete abrupt, als er, Jahre nach dem Tod der Kaiserin, versuchte, sich als Gegenpapst durchzusetzen. Theophanus Sohn verurteilte den nach einem Fluchtversuch verstümmelten Mann zu Klosterhaft.

Das Weihnachtsfest 990 verbrachte die Kaiserin Theophanu in Rom. Sieben ereignisreiche Jahre waren seit dem Tod ihres Mannes vorübergegangen: jetzt erst konnte sie sein Grab in der Peterskirche besuchen. In Rom traf Theophanu heimlich mit dem Bischof Adalbert von Prag zusammen. Von ihm erhielt sie beunruhigende Nachrichten einer heidnischen Reaktion in Böhmen, vor der er geflohen war. Theophanu soll den Bischof gebeten haben, für die Seele ihres verstorbenen Mannes zu beten. Dafür wollte sie ihm eine ungeheure Summe an Silber geben. Adalbert soll jedoch die Bürde des Silbers nicht angenommen, sondern in der kommenden Nacht unter die Armen verteilt haben. Nach diesem Gespräch ist der Bischof nach Böhmen zurückgekehrt. Vielleicht war dies das Ergebnis dieser Zusammenkunft. Später missionierte er auch im ungarischen Raum und bei den heidnischen Preußen, wo er den Märtyrertod erlitt. Für seine Verdienste als Missionar wurde er noch zur Zeit Ottos III. heiliggesprochen.

Theophanu nahm ganz bewußt in Italien ihre kaiserliche Rolle ein, was besonders dadurch deutlich wird, daß sie in ihrem eigenen Namen urkundete. Das war für den Westen ein staatsrechtliches Novum, für

Byzanz war es das nicht. Am 2. Januar 990 stellte die Kaiserin, „Theophanu divina gratia imperatrix augusta", eine Urkunde für das Kloster S. Vincenzo am Volturno aus. In einer zweiten Urkunde, die am 1. April 990 in Ravenna für den Abt Johannes von Farfa ausgestellt wurde, urkundete Theophanu in vermännlichter Form, „Theophanius gratia divina imperator augustus". Man hat darin einen Fehler in der handschriftlichen Überlieferung des Klosters Farfa erblickt, doch es gab ein Vorbild dafür. Die byzantinische Kaiserin Irene (797–802) hatte ebenfalls in vermännlichter Form geurkundet. Sie wollte damit ihr Frauenkaisertum absichern, in dem die Funktion des Kaisers unabhängig vom Träger des Kaiseramtes betont wurde. So etwas findet sich noch heute. Schließlich heißt es „Der Minister das Landes Nordrhein-Westfalen", auch wenn er eine Frau ist. Bemerkenswert an dieser zweiten Urkunde ist noch die Datierung nach den Kaiserjahren Theophanus, die ab 972 gezählt wurden. Vermutlich hat sie sogar ihr eigenes Siegel besessen. Es wird angenommen, daß Theophanu darauf als Roma, die weibliche Verkörperung Roms, abgebildet war, die wieder bei ihrem Sohn als Sinnbild für seine „Renovatio Imperii Romanorum", seine Vorstellung von der Erneuerung des römischen Reiches, auf der Reversseite seiner ersten Kaiserbulle erscheint.

Ende Februar dürfte die Kaiserin Rom wieder verlassen haben. Von dort aus zog sie über Ravenna nach Pavia, um wieder nach Deutschland zurückzukehren. In Italien war sie während ihrer gesamten Anwesenheit auf keine größeren Widerstände gestoßen.

Exkurs: Theophanu und Köln

Die ersten Beziehungen der Kaiserin zu Köln waren durch den Kölner Erzbischof Gero (969–976) entstanden. Er hatte die Aufgabe gehabt, das junge Mädchen Theophanu von Byzanz nach Italien zu bringen. Seitdem standen beide in freundschaftlicher Beziehung zueinander. Als Zeichen ihrer Dankbarkeit könnte das berühmte Gerokreuz ein Geschenk der Kaiserin an den Erzbischof gewesen sein. Ganz anders war das Verhältnis zwischen Geros Nachfolger Warin (976–985) und der Herrscherin. Er mußte 984 abdanken, weil er den kleinen Otto Heinrich dem Zänker ohne weiteres übergeben hatte. Dagegen entsprach der ihm folgende Erzbischof Everger (985–999) ganz den Vorstellungen Theophanus. Er erfüllte in ihrem Auftrage zahlreiche schwierige diplomatische Missionen im Zusammenhang mit der lothringischen Frage und den Beziehungen zu Frankreich.

Erzbischof Gero hatte in Byzanz die Gebeine des heiligen Pantaleon, des griechischen Arztes und Märtyrers, erhalten. Da Theophanu sich diesem Heiligen durch besondere religiöse Zuwendung verbunden fühlte, scheint es wahrscheinlich, daß dieses kostbare Geschenk ihrem Wunsch entsprach.

In Köln hatte es bereits eine Kirche zu Ehren des heiligen Pantaleon gegeben; sie war allerdings eingestürzt. Theophanu konnte daher den Neubau entscheidend mitbestimmen. Sie stiftete das Westwerk, in dem ihr byzantinischer Einfluß sichtbar wird. In der Hagia Sophia, der Hauptkirche des Ostens, war dort der Platz, wo die Kaiserin dem Gottesdienst beiwohnte. So spiegelt sich schließlich in dem majestätischen Westwerk das Kaisertum Theophanus wider. Außerdem stattete Theophanu die Kirche wertvoll und reichlich aus. So ließ sie die Gebeine des heiligen Albanus von Italien nach St. Pantaleon übertragen.

Die mittelalterlichen Könige und Kaiser kannten keine festen Residenzen. Sie wählten ihren Aufenthaltsort in Klöstern und Pfalzen nach politischer Notwendigkeit und eigener Neigung. Theophanu verbrachte fast jeden Winter ihrer Herrschaftszeit in Köln, wahrscheinlich im Kloster St. Pantaleon. Nicht nur die Gebeine ihres Heiligen, sondern auch die in Köln ansässigen griechischen Kaufleute könnten dazu beigetragen haben, daß sich die Kaiserin in Köln ausgesprochen wohl fühlte. Da Köln in Niederlothringen lag, ließen sich zudem die Auseinandersetzungen um Lothringen sowie in Frankreich gut beobachten und erlaubten gegebenenfalls ein schnelles Eingreifen.

Schließlich war es ihr ausdrücklicher Befehl, zu Köln in der Kirche des heiligen Pantaleon begraben zu werden, wo sich noch heute ihre Gebeine befinden. Das Theophanugrab befindet sich im südlichen Querschiff. Der Sarkophag, der dort zu sehen ist, wurde von Sepp Hürten in den sechziger Jahren aus weißem Marmor von der griechischen Insel Naxos geschaffen. Vorher waren die Gebeine in einem Kästchen aufbewahrt worden, von dem Originalsarkophag ist nichts bekannt.

Der Marmorschrein weist auf der Vorderseite eine Nachbildung des bereits genannten Elfenbeinreliefs auf, wobei der Künstler St. Pantaleon und die Hagia Sophia als neue verbindende Elemente hinzufügt. Sie symbolisieren die Verbindung zwischen Ost und West und die noch geeinte Kirche des Abendlandes. Theophanu selbst ist das Sinnbild der politischen und religiösen Verständigung.

Nachwort

In Italien hatte Theophanu das Anrecht der ottonischen Dynastie auf das Kaisertum mit aller Deutlichkeit vertreten. In der kurzen Zeit ihrer „Alleinherrschaft" hat sie nicht nur in Italien Kaiserpolitik betrieben, sondern auch entscheidend in die lothringischen und französischen Verhältnisse eingegriffen. Theophanu stand an der Wiege des französischen Königtums, indem sie es Hugo Capet ermöglichte, die Karolinger im westfränkischen Reich für immer abzulösen. Damit beginnt dann auch die eigentliche Geschichte Frankreichs. Wenn es ihr im Westen nicht mehr gelang, eine endgültige Friedensregelung zu erzielen, so hat sie es aber doch erreicht, daß sich die Lage an der Ostgrenze beruhigte und stabilisierte.

Theophanu konnte regieren, weil sich die deutschen und lothringischen Großen für die weibliche Vormundschaft entschieden hatten. Diese Entscheidung für die Frau konnte nur aufgrund ihrer politischen Kompetenz fallen, die sie spätestens in der Italienpolitik der Kaiserin und des Kaisers der Römer bewiesen hatte. Daß in Deutschland oppositionelle Interessen die Stellung des Herrschers gefährdeten, steht in keinem Zusammenhang mit der Person der Kaiserin, sondern lag in der Natur des Königtums an sich. Das Königtum bildete die Machtgrundlage der deutschen Herrscher. Für den Kaisertitel mußten sie erst nach Rom ziehen.

Nachdem Theophanu im Mai 985 zu Frankfurt die Herrschaft für ihren Sohn Otto III. zugesprochen worden war, kam es zu keinen Aufständen mehr. Die Versöhnungspolitik und die Autorität der Kaiserin bildeten die Grundlagen dafür.

Ostern 991 hielt Theophanu zu Quedlinburg einen großen Hoftag wie einst Otto der Große am Ende seines Lebens ab. Die Kaiserin stand auf dem Höhepunkt ihrer Macht. Der Slavenfürst Mieszko von Polen, Hugo von Tuszien als Vertreter der italienischen Großen und andere europäische Fürsten waren erschienen, um ihrem Sohn zu huldigen.

Abb. links: Das vom Erzbischof Bruno geplante Westwerk der Kirche St. Pantaleon zu Köln war für die Vorstellungen der Kaiserin zu bescheiden. Sie erweiterte den Plan und gab dem Bau ein Gepräge, das entfernt an die Kirchbauten des Ostreiches erinnert.
Die drei Kapellen im oberen Geschoß sind den drei hl. Erzengeln Michael, Gabriel und Raphael geweiht.

Als Theophanu dann von Quedlinburg aus nach Lothringen zog, um das Verhältnis zwischen Deutschland und Frankreich endgültig zu klären, starb sie am 11. Juni 991 in Nimwegen. Ihre Todesursache ist unbekannt.

Für eine abschließende Beurteilung der Kaiserin, sei auf die Worte Thietmars von Merseburg verwiesen, der hervorhob, daß die Jugendjahre Ottos III. gut beraten waren, und betonte, daß die Kaiserin selbst ihrem Sohn männlich die Herrschaft bewahrte: „regnumque filii eius custodia servabat virili".

Für das Mittelalter ist die Bezeichnung „virilis" für eine Frau ihr größtes Lob und ihre Anerkennung. So wurden nur die Frauen bezeichnet, die eine tatsächliche Machtstellung innehatten und denen eine gewisse Herrschaftsfähigkeit nicht abgesprochen werden konnte.

Doch zurück zu den Überlegungen und den Fragen, die am Anfang dieser Betrachtung standen. Ihre Leistungen sind beschrieben worden, aber wer und was sie war, welche Bedeutung sie für uns heute haben kann, läßt sich vielleicht nicht wissenschaftlich fassen.

Eine „Ausländerin" – würden wir heute sagen, „diese Griechin" nannten sie einige Zeitgenossen geringschätzig.

Unser Zeitalter fühlt sich als das europäische und sucht nach Gemeinsamkeiten in der Vielfalt. War es aber nicht bereits Theophanu, durch die voneinander Getrenntes, Ost und West, miteinander versöhnt wurden? Setzte sie nicht durch ihre byzantinische Herkunft geistige und kulturelle Impulse, die sich bei ihrem Sohn voll entfalten konnten! Ist nicht das Traumgesicht der Nonne ein Zeichen dafür, daß eine gewisse Noblesse in das bäuerliche Deutschland einzog! Und hat sie nicht in Italien, Frankreich, den Beneluxstaaten, den Niederlanden und Deutschland Politik betrieben und Tatsachen geschaffen?

Wenn wir ihr Wirken aus dieser Perspektive beurteilen, so läßt sich das „wer und was" auf eine einfache Formel bringen:

„Sie war eine Europäerin!"

Quellen

Addenda Vita sancti Bernhardi, ed. G. Pertz, in: MGH, SS IV, Hannover 1841.

Annales Hildesheimenses, ed. G. Pertz, in: MGH, SS III, Hannover 1889.

Annales Quedlinburgenses, ed. G. Pertz, in: MGH, SS III, Hannover 1889.

H. Benrath, Die Kaiserin Theophano, Stuttgart 1940.

A. Steinberger, KaiserinTheophano, Regensburg 1911.

H. Böhmer, Willigis von Mainz, Ein Beitrag zur Geschichte des Deutschen Reiches und der deutschen Kirche in der sächsischen Kaiserzeit (Leipziger Studien aus dem Gebiet der Geschichte). Leipzig 1885, S. 17.

Die Urkunden Ottos II., 2. 1. hrsg. von Theodor von Sickel. Hannover 1888.

Die Urkunden Ottos III., hrsg. von Theodor von Sickel. Hannover 1888.

J. Fleckenstein, Die Hofkapelle der deutschen Könige Bd.2, Schriften der MGH/II, Stuttgart 1959–1966.

L. M. Hartmann, Geschichte Italiens im Mittelalter, Bd. IV. 1. Hälfte, Gotha 1915.

A. Hofmeister, Studien zu Theophanu, in: Festschrift für Edmund E. Stengel, Münster 1952, S. 255 (Anmerkung 4).

H. J. Kracht, Die Geschichte der Benediktinerabtei St. Pantaleon, Köln 1972.

A. Mettensis, De diversitate temporum et Fragmentum de Deoderico primo epsiscopo Mettensi, c. 2 und 4 ed und eingeleitet von H. van Rij, unter Mitwirkung von A. Sapir Abulafia, Amsterdam 1980.

Liber miraculorum S. Adalheidae, Der Wunderbericht, in: Die Lebensbeschreibung der Kaiserin Adelheid von Abt Odilo von Cluny, bearb. von H. Paulhardt.

Vita S. Adalberti episcopi, Vita secunda auctore Brunone archiepiscopos, c. 2 ed. G. Pertz, in: MG, SS IV, Hannover 1841.

J. Moltmann, Theophano, die Gemahlin Ottos II. in ihrer Bedeutung für die Politik Ottos I. und Ottos II., Diss. Göttingen 1878.

W. Ohnsorge, Das Kaisertum der Eirene und die Kaiserkrönung Karls des Großen, in: H. Hunger, Das byzantinische Herrscherbild, Wege der Forschung 341, Darmstadt 1975.

Percy E. Schramm, Die Deutschen Kaiser und Könige in Bildern ihrer Zeit, München 1983.

Regesta Imperii. Hrsg. von der Österreichischen Akademie der Wissenschaften, Dritte Abteilung, Die Regesten des Kaiserreiches unter Otto III. 980 (983)–1002, nach J. F. Böhmer, neubearb. von M. Uhlirz, Graz – Köln 1956, 1001 c: K. und M. Uhlirz, Jahrbücher Deutschen Reiches unter Otto II. und Otto III., Bd. 2, Berlin 1902–1967.

S. Reiter, Weltliche Lebensformen von Frauen im 10. Jahrhundert, Das Zeugnis erzählender Quellen, in: Frauen in der Geschichte, Bd. VII., hrsg. von W. Affeldt / A. Kuhn, Düsseldorf 1986.

M. Uhlirz, Die italienische Kirchenpolitik der Ottonen, in: MIÖG 48 (1934).

G. Schwartz, Die Besetzung der Bistümer Reichsitaliens unter den sächsischen und salischen Kaisern mit den Listen der Bischöfe 951–1122. Leipzig – Berlin 1913.

R. Pauler, Das Regnum Italiae in ottonischer Zeit. Tübingen 1982.

Vita S. Adalberti episcopi, Vita Antiqior auctore Johanne Canapario, ed. G. Pertz, in: MG, SS, IV. Hannover 1841.

T. Vogelsang, Die Frau als Herrscherin im hohen Mittelalter, Studien zur „consors regni"-Formel, Göttingen – Berlin – Frankfurt 1954.

M. Uhlirz, Zu dem Mitkaisertum der Ottonen: Theophanu coimperatrix, in: Byzantinische Zeitschrift 50, 1957.

Die Kaiserin Theophanu
Versuch eines geistlichen Porträts

von Peter von Steinitz

Jeder Christ weiß, daß nicht nur die von der Kirche offiziell kanonisierten Heiligen in der Herrlichkeit Gottes sind, sondern jeder, der die Erlösung durch Christus annimmt, bzw., wenn er Christus ohne Schuld nicht kennt, der das „Gute tut und das Böse unterläßt".

Theophanu, im Kaiserpalast in Byzanz aufgewachsene Prinzessin und seit 972 Kaiserin im ottonischen Westreich, starb am 15. Juni 991, vor 1000 Jahren in Nijmegen, und wurde, ihrem Wunsch entsprechend, in der Kirche St. Pantaleon zu Köln, beigesetzt.

Viele Menschen sahen und sehen in ihr eine vorbildliche, christliche Frau. War sie fromm? War sie gar eine Heilige?

Wie können wir zu Beginn des 21. Jahrhunderts aus so großer zeitlicher Distanz einen Zugang zum Frömmigkeitsleben dieser Frau finden? Vieles können wir nur vermuten, manches aus dem erschließen, was der Stil ihrer Zeit gewesen sein mag. Theophanu starb – für heutige Begriffe in unbegreiflich jungen Jahren – als wohltätige Witwe mit ungefähr 30 Jahren „consummati in bonis vitae suimet cursu": ein Leben hatte seinen Lauf vollendet in einem Alter, da etwa Augustinus, der große Heilige und Kirchenvater, noch weit vom christlichen Glauben entfernt war.

Wie war Theophanu in ihrer inneren Gestalt? Hatte sie von Anfang an eine solide, stetig fester werdende Glaubensüberzeugung? Hat sie Krisen und Stürme durchmachen müssen, vielleicht eine tiefgreifende Bekehrung, nachdem das Leben zunächst einen anderen Weg gegangen war?

Welcher Art war z.B. die innere Wirkung, die das Verlassen der Heimat 972 mit etwa 12 Jahren und die unwiderrufliche Reise in ein fremdes Land in ihr hervorrufen mußte? Fragen, auf die Gott allein eine Antwort weiß. Wenn wir schon unter unseren Zeitgenossen, ja bei engen Vertrauten nichts oder wenig wissen über die religiösen Tiefendimensionen eines Menschen, um wieviel weniger bei einer zudem so hochgestellten Persönlichkeit, die vor tausend Jahren gelebt hat.

Auf der anderen Seite sind Glauben und Kirche heute gleich existent wie im 10. Jahrhundert. Ein erster Zugang mag sich von daher eröffnen. Ist Theophanu in Byzanz aufgewachsen, so hat sie mit Sicherheit von Kindheit an oft der heiligen Liturgie beigewohnt, die damals im ganzen Reich in mehreren, verschiedenen Formen gefeiert wurde.

Während im Westen der römische Ritus neben anderen gefeiert wurde, waren im Osten die Liturgie des hl. Johannes Chrysostomos und die Basilius-Liturgie maßgeblich.

In dieser feierlichen Form mit dem Reichtum an äußeren, sinnlich erfahrbaren Gesten, mit vielen Bildern, Gesängen, Prachtgewändern, so wie diese Liturgie auch heute noch unverändert in der orthodoxen Kirche wie bei den Unierten gepflegt wird, wird die junge Prinzessin Theophanu am Hof von Byzanz und in der Kathedralkirche des Patriarchen, der Hagia Sophia, oder in der Palastkirche Gottesdienst erlebt haben. Die großen dunklen Augen dieses offenbar außergewöhnlich intelligenten Kindes werden in vollen Zügen die golddurchwirkte Schönheit der Zeremonien in sich aufgenommen haben, aber nicht allein als einen ästhetischen Genuß, sondern als Abbild der himmlischen Liturgie, in der Christus dem Vater die vollkommene Huldigung darbringt. Theophanu selbst war keine Porphyrogenneta, das heißt, sie war nicht „in Purpur geboren", nicht Tochter des regierenden Kaisers, sondern nur seine Nichte. Dennoch hat sich der wache Geist dieses Mädchens, das der Soldaten-Dynastie der Skleroi angehörte und daher auch nüchternes Denken gewöhnt war, wohl schon früh mit der für uns heutige Menschen oft schwer nachvollziehbaren Zusammenhang zwischen irdischer Herrschaft und dem Urheber aller Macht beschäftigt. In den Worten Jesu vor Pilatus ist dieser Zusammenhang grundgelegt: „Du hättest keine Macht über mich, wenn sie dir nicht von oben gegeben wäre". Daher liebt die Ostkirche die Darstellung des Pantokrators, wo Christus mit Attributen des byzantinischen Kaisers dargestellt wird, er selbst also die irdische Herrschaft des Kaisers legitimiert.

Wem ist es heute noch bewußt, daß in der Welt, in der Theophanu aufwuchs, die Idee vom apostelgleichen Basileus (Kaiser) ganz unbestritten die staatstragende Idee war und daß sie immer als vom Gottkönig selbst legitimiert angesehen wurde?

Im Denken der byzantinischen Prinzessin konnte es folglich keinerlei Trennung von Kirche und Staat, von Religion und gesellschaftlicher Ordnung geben. Christus, der König, ist Gott, dem Vater, wesensgleich, und der irdische König ein Abbild des Pantokrators, der von ihm seine Macht bekommen hat und letztlich nur ihm verantwortlich für sein Tun ist.

Bild der Theophanu am Lettner der Kirche St. Pantaleon, Köln, erbaut von Abt. Joh. Lüninck (1502–1514).
Mehr als ein halbes Jahrtausend trennt das Bildwerk vom dargestellten Gegenstand.

Dennoch sollte uns bewußt bleiben, daß wir bei aller Zeitbedingtheit solcher gesellschaftlichen Vorstellungen doch gar nicht so radikal andersdenkende Menschen sind als die Zeitgenossen Theophanus, was den Glauben als solchen betrifft. Sie hat dasselbe apostolische Glaubensbekenntnis gesprochen wie die Christen unserer Tage, sie hat von Christus geglaubt, daß er wahrer Gott und wahrer Mensch, daß er dem Vater wesensgleich sei und nicht nur wesensähnlich gemäß dem Konzil von Nicäa (325).

In Theophanus Glauben war alles das durch ihre Erziehung am Hof eingegangen, was die ersten großen Konzilien, die in ihrer Heimatstadt Konstantinopel oder anderen, fast immer im Ostteil des Reiches gelegenen Orten stattgefunden hatten, über die großen christologischen Themen ausgesagt hatten.

Es ist anzunehmen, daß, wie der Romancier Benrath in seiner ansonsten nicht immer zutreffenden Biographie über Theophanu beschreibt, sie die Gottesmutter sehr verehrt hat. Auch, und gerade darin, findet mancher zeitgenössische Christ eine liebenswerte Brücke zum Denken dieser Frau.

Doch ist nicht vorstellbar, auch nicht bei den ikonenfreudigen Byzantinern, daß man Maria fast zur Göttin emporstilisierte, wie dies bei Benrath geschieht. Gerade die Ikonen sind es ja, die uns bei aller Feierlichkeit des Ausdrucks doch besonders die Menschlichkeit Mariens vor Augen führen.

Nach Christus und der Theotokos spielte wahrscheinlich im Frömmigkeitsleben der Kaiserin, wie immer im Mittelalter, die Heiligenverehrung eine besondere Rolle. Auch heute werden im Osten wie im Westen die Heiligen verehrt, wenngleich eine leichte Gewichtsverschiebung gegenüber früheren Zeiten zu erkennen ist. Waren im Mittelalter die Ziele der großen Pilgerfahrten die Apostelgräber (Rom, Santiago, Trier etc.), so sind heute fast alle großen Wallfahrtsorte der Marienverehrung (Lourdes, Fatima, Altötting) gewidmet. Bei der Vielzahl der Heiligen, auch damals schon, hatte der einzelne Christ entsprechende individuelle Wahlfreiheit im Gegenstand seiner Verehrung.

In jedem Heiligen, der ja Christus nachfolgte, ihn gewissermaßen nachahmte (Imitatio Christi), zeigt sich ein oder zeigen sich einige charakteristische Züge des Gottesmenschen Christus, denn dazu wurde ja Gott ein Mensch, damit, nach einem Wort des hl. Johannes Chrysostomos, „der Mensch Gott würde".

Richtig verstandene Verehrung der Heiligen setzt ja diese nicht an die Stelle Christi, sondern läßt durch sie Ihn gerade transparent werden, indem Er sich in den Seinen widerspiegelt: durch ihr beispielhaftes Leben weisen sie auf Ihn hin.

Neben der Theotokos verehrte Theophanu verschiedene Heilige, die sie im Geiste mit ihrer griechischen Heimat verbanden: die heiligen Ärzte Kosmas und Damian, den hl. Nikolaus, dessen Verehrung sie im Westen begründete, besonders aber den hl. Pantaleon (Panteleimon), dessen Kirche in Köln sie besonders förderte und in der sie auch begraben sein wollte.

Der hl. Pantaleon, Sohn eines heidnischen Vaters und einer christlichen Mutter, lebte im 3./4. Jahrhundert in Nikomedien, dem heutigen Izmid. Er war Arzt, wurde Leibarzt des Kaisers Maximinian. Als solcher geriet er in die Mühle der Hofintrigen, besonders nachdem er aufgrund eines aufwühlenden Erlebnisses Christ geworden war. Mit dieser Begründung wurde er von seinen Neidern beim Kaiser verklagt, der ihn grausamem Martyrium auslieferte. Sterbend betete Pantaleon für seine Verfolger. Da erscholl vom Himmel eine Stimme, so die Tradition, die sagte: „Pantaleonta warst du, du sollst jetzt Panteleimon heißen (d. h. der Allerbarmer), denn durch dich werden viele Barmherzigkeit erlangen". Pantaleon wird in der Ostkirche sehr verehrt, er gilt den Griechen als „Megalomartyr", als Großmärtyrer. In neuester Zeit ist aber auch an verschiedenen Orten der westlichen Christenheit ein wachsendes Interesse an Pantaleon festzustellen. So z. B. im neu belebten Pantaleons-Wallfahrtsort Oberrottweil am Kaiserstuhl, ferner in Ravello (südlich Neapel) und in Madrid. So wird im „Kloster der Menschwerdung" in Madrid seit einigen Jahren die Blutreliquie St. Pantaleons am Jahrtag, dem 27. Juli, auch den Gläubigen gezeigt, nachdem sie bis dahin nur im Kreis der Nonnen bekannt war und verehrt wurde.

Des weiteren war es der hl. Albanus (früher fälschlich Albinus genannt), den Theophanu sehr verehrte, so sehr, daß sie verfügte, in der Nähe seiner Gebeine bestattet zu werden. Im Jahre 984 brachte die Kaiserin die Gebeine des Albanus, des „protomartyr Anglorum", aus Rom für den Abt Christian und die Kirche St. Pantaleon mit.

Der Umgang mit den „Freunden Gottes", den Heiligen, war für Theophanu aber nicht nur eine Angelegenheit des Betens, sondern auch gelegentlich der persönlichen Begegnung. Bereits genannt wurde der Name Christian. Er war nach der Gründung der Benediktinerabtei an St. Pantaleon durch den hl. Erzbischof Bruno der erste Abt. Zwar kam es nie zu einer Kanonisierung, aber er erreichte die erste „Stufe" der Heiligsprechung, die Bezeichnung „Ehrwürdiger" (Venerabilis). „Die Kaiserin wird ihn als Statthalter ihrer" Kirche St. Pantaleon und als Begründer des benediktinischen Mönchtums an diesem Ort geschätzt haben.

Eine tiefe geistliche (und zugleich politische) Freundschaft verband sie mit dem hl. Adalbert von Prag. Adalbert, geboren um 956, aus böhmischem Fürstengeschlecht, wurde 983 von Theophanus Gemahl, Kaiser Otto II., zum Bischof von Prag berufen.

Mit Unterstützung des Polenherzogs, Boleslaw Chrobry, zog er nach Preußen, um zu missionieren. Dort erlitt er am 23. April 997 den Märtyrertod, nachdem er vorher einer der engsten Freunde und vertrauter Berater Kaiser Ottos III., Theophanus Sohn, gewesen war. Es ist sehr wahrscheinlich, daß Adalbert von Prag ganz wesentlichen Anteil an der Konzeption des „Staatensystems" hatte, in der Otto III. als „servus apostolorum" die christlichen Reiche Osteuropas an Kirche und Reich heranführte.

Es kann auch als sicher gelten, daß vieles von dem, was Otto III. später ausführte, dem Gedankenaustausch Theophanus mit Adalbert von Prag entstammte.

In Polen wird Otto III. als Heiliger verehrt, in erster Linie wohl, weil er die polnische Nation in die Unabhängigkeit entlassen hat. Es wäre sicher äußerst reizvoll, im einzelnen zu wissen, wie Adalbert in seinen Gesprächen mit Theophanu und Otto seine vom Glauben an Christus geprägten Vorstellungen über die sich herausbildenden osteuropäischen Nationen formuliert hat. Seine große Tat war die Slawenmissionierung. Gewiß war für ihn – anders als bei Theophanu – Glaube und Leben eins. Die aufstrebenden Nationen im Osten – Polen, Tschechen, Russen etc. – sie waren ihm nicht nur Untertanen oder Staatsbürger, sondern auch und vor allem Brüder und Schwestern, die auch in den Genuß der Erlösung durch Christus kommen sollten.

Theophanu hatte verschiedene Begegnungen mit Adalbert, schon bevor er in Prag Bischof wurde.

Die ideale Gesinnung, ja die Heiligkeit dieses lauteren Mannes muß einen tiefen Eindruck auf Theophanu gemacht haben, denn hier, ähnlich wie bei Abt Christian, mag sie gerade in ihrer herausgehobenen Position das gespürt haben, was immer wieder im Laufe der christlichen Geschichte das gläubige Volk an einzelnen Menschen als Spur der besonderen Gegenwart Gottes wahrgenommen hat: die großen Heiligen sind mehr noch als andere Menschen die eigentlichen Fixpunkte, die wahren Großen, auch wenn sie unter der Notwendigkeit der Demut scheinbar viel weniger glänzen als Kaiser, Päpste und sonstige Große dieser Welt.

Anfang Januar 981 lernte Theophanu in Ravenna auch Gerbert von Aurillac, den späteren Papst Silvester II., kennen, der ebenfalls zu Theophanus vertrauten Ratgebern gehörte, wie später zu denen des Sohnes, Ottos III. Die Geisteskraft dieses wohl größten Gelehrten des frühen Mittelalters mag Theophanu wie ihren Sohn angezogen haben. Die Begegnung mit solchen Persönlichkeiten und eben auch großen Heiligen bleibt nie ohne Wirkung, es sei denn, daß man sich ausdrücklich dagegen sperrt.

Es soll aber auch noch von einer andersartigen Beziehung Theophanus zu einem Heiligen die Rede sein. Es handelt sich um den hl. Laurentius, der sich ihr in einer Vision mitgeteilt haben soll. Laurentius war Diakon im Rom des 3. Jahrhunderts, er erlitt den Märtyrertod (auf glühendem Rost, mit dem er gewöhnlich dargestellt wird) am 10. August 258. Das Grab des Heiligen gehörte schon vor der Zeit Kaiser Konstantins, der dort um 330 die erste Basilika erbaute, zu den meistbesuchten Märtyrerstätten Roms.

St. Laurentius wurde für Deutschland von historischer Bedeutung, als Otto der Große seinen Sieg über die Ungarn auf dem Lechfeld am 10. August 955 seiner Hilfe zuschrieb. Der Kaiser wollte seine Dankbarkeit dadurch zum Ausdruck bringen, daß er 968 das Bistum Merseburg gründete und dem hl. Laurentius weihte. Dann aber wird auf der römischen Synode am 10. September 981 das Bistum Merseburg von Kaiser Otto II. auf Betreiben des Bischofs Giselher, der Erzbischof von Magdeburg werden wollte, aufgehoben.

Als „Folge" sind zwei „Visiones" des hl. Laurentius bezeugt. Die erste: Der hl. Laurentius erscheint Otto II. vor dessen Tod, aber ohne „Erfolg". Die zweite: Der Heilige erscheint der Kaiserin Theophanu, wahrscheinlich bei ihrem Aufenthalt in Merseburg Ende April / Anfang Mai 991, also kurz vor ihrem Tod, nach dem Bericht Thietmars, des Bischofs von Merseburg (1009–1018), der über seinen „Mittelsmann" von der Kaiserin erfuhr („quia talia... in somniis vidit").

Mosaik der Theotokos, der Gottesmutter, in der Hagia Sophia in Konstantinopel, so wie die junge Theophanu sie gesehen hat.

„Es erschien ihr (Theophanu) im ungestörten Schweigen der Nacht der heilige Streiter Christi, Laurentius. Sein rechter Arm war verletzt, und er sprach: ‚Warum fragst du nicht, wer ich bin?‘ Und sie: ‚Ich wage es nicht, mein Herr.‘ Er aber fuhr fort: ‚Ich bin...‘, und dann sagte er seinen Namen. ‚Was du nun an mir siehst, hat dein Älterer (Otto II.) bewirkt dadurch, daß er sich verführen ließ, auf den zu hören, durch dessen Schuld eine große Zahl von Auserwählten Christi meins ist‘ (Giselher). Nach diesen Worten hat sie (Theophanu) ihren Sohn (Otto III.) beschworen, zu Lebzeiten Giselhers oder nach seinem Tod, den Bischofssitz (Merseburg) wiederherzustellen und so die Seele seines Vaters (Otto II.) am Jüngsten Tage zur ewigen Ruhe zurückzurufen. Obwohl sie dem schwachen Geschlecht angehört, hat sie (Theophanu)...“

Theophanu selbst kann nichts mehr unternehmen, da sie am 15. Juni 991, also nur etwa 6 Wochen später, stirbt. Aber Otto III. versucht schon 999, allerdings vergeblich, auf einer Synode, Merseburg wieder herzustellen. Erst König Heinrich II. erreicht im Jahre 1004 das von St. Laurentius wie von Theophanu Gewünschte.

Erwähnt sei noch in diesem Zusammenhang, daß wir im Besitz einer überaus eindrucksvollen Liste von Stiftungen sind, wie sie zwar für gekrönte Häupter die Regel sind, aber hier doch auffallend umfangreich ausfällt.

Neben besonderen Schenkungen (Güter, Reliquien etc.), die gar nicht mitgezählt sind, hat die Kaiserin zwischen 972 und 983, also in 11 Jahren, nicht weniger als 57 Interventionen zugunsten von Kirchen und Klöstern geleistet. Darunter so wohlklingende Namen wie St. Gallen, St. Maximin, Trier in Fulda, Pavia und Stiftungen in sämtlichen Ländern des Reichsgebiets. Später, zwischen 984 und 991, erfolgten weitere 35 Interventionen, darunter für Einsiedeln, Lorsch und Quedlinburg. Nach diesem nur in Umrissen aufgezeigten geistlichen Itinerar der großen Kaiserin mag sich die Frage stellen: ist Theophanu eine Heilige?

Wenn die Kirche einen Christen zur Ehre der Altäre erhebt, so sind außergewöhnliche Phänomene wie Erscheinungen, Prophezeiungen oder Wunderheilungen in der Regel nicht ausschlaggebend. Vielmehr wird untersucht, ob der oder die Betreffende die christlichen Tugenden im besonderen Maße gelebt hat. Hier freilich können wir nach so langer Zeit kaum etwas Sicheres feststellen, weil es Zeugenaussagen nicht mehr gibt und überhaupt fast nichts an einschlägigen Dokumenten vorliegt. Man müßte nachforschen, wie sie sich um die einzelnen Tugenden (Glaube, Hoffnung, Liebe, Demut, Maß, Klugheit, Treue, Gehorsam gegen Gott, Reinheit, Losgelöstheit, nur um einige zu nennen) bemüht hat.

Wenn man gelegentlich zuviel Phantasie aufwendet und z. B. aus der Bezeichnung Adalberts von Prag als „carus amicus" oder aus dem Wort vom „dilectus comes" für Erzbischof Johannes Philagatos unangemessene Schlüsse zieht oder gezogen hat, wäre das sicher kein Beweis gegen ihre Tugend.

Auf der anderen Seite wäre gerade ihr Tun, ihre „Arbeit" als Kaiserin und vor allem Regentin wert, daraufhin untersucht zu werden, ob hier christliche Heiligkeit oder einfach Machtstreben vorlag. Denn ganz sicher ist es falsch, zu meinen, die gekonnte Ausübung einer legitimen Macht sei eo ipso mit Heiligkeit schon nicht mehr zu vereinbaren. Allerdings werden wir uns schwertun, festzustellen, was ihre eigentliche Motivation war, wenn sie, obwohl „sexu fragilis", das Reich nach dem Tode Ottos II. mit starker Hand zusammenhielt. Ihr äußeres Vorgehen verdient Bewunderung, gelang es ihr doch – ohne einen wirklichen Krieg zu führen – die Integrität des Reiches mit der Wirklichkeit in Kongruenz zu halten, und das in einer Zeit und unter Umständen, wo oft durch die Partikularinteressen der Fürsten, im Gegensatz zum zentral regierten Byzanz, alles eher auseinander strebte, als daß die Einheit des Reiches von allen gesucht worden wäre.

Für Theophanu, die für das ihrem Sohn zu übergebende Reich zu jedem persönlichen Opfer bereit war, gab es wohl als inneren Antrieb zunächst ihr Verantwortungsbewußtsein, dann vor allem den Wunsch, den Bestand des Reiches zu wahren, und schließlich das Bewußtsein, eine Aufgabe erfüllen zu müssen, wobei wir letztlich nicht sicher ergründen können, ob sie tatsächlich diese Sendung als von Gott übertragen ansah und daher zu dessen höherer Ehre erfüllen wollte.

Theophanu ging es sicher nicht darum, eine große Mission vor der Geschichte erfüllen zu sollen, oder vor sich selbst oder vor sonst einem, das wäre eher ein neuzeitliches Ersatzdenken, das wohl dem theozentrisch empfindenden und denkenden Menschen des Frühmittelalters fernlag. Es gibt demnach nur die Alternative: entweder Theophanu hat ihre bedeutende Leistung aus purem Machtstreben erbracht, (Egoismus, Stolz ständen da Pate) – was kaum zutreffen dürfte – oder aber für die Menschen – ihren Sohn und andere etwa – und das letztlich im Angesicht Gottes.

Der heilige Pantaleon, ein griechischer Märtyrer des 4. Jahrhunderts, war einer der Lieblingsheiligen der Kaiserin Theophanu.

In der Kirche St. Pantaleon, die die Kaiserin so sehr gefördert hat, findet heute am 27. jeden Monats eine „Pantaleonsmesse" mit Krankensegnung statt. Der heilige Pantaleon, der auch ein Arzt war, ist seit alters her Patron der Ärzte und Kranken. Die medizinische Fakultät der Universität Köln führt ihn in ihrem Siegel. Die Abbildung zeigt die Ikone, die bei der Krankensegnung den Gläubigen gezeigt wird.

Was dem sehr geistlich geprägten Ideal des christlichen Herrschers jener Zeit als Stellvertreter Gottes durchaus nicht fernliegt. Aber auch bei Theophanus zahlreichen Stiftungen und Schenkungen ist es uns untersagt, genau zu erfahren, ob dahinter Berechnung, Diplomatie, politische Überlegungen stehen oder Großherzigkeit, Liebe zur Kirche und den Heiligen, oder aber eine Mischung aus beidem. Da das erstere, die politische Überlegung, in sich aber nicht sündhaft ist, kann ja beides zusammengewirkt haben.

Ein letzter Gesichtspunkt, den wir berücksichtigen sollten, wenn wir an die Frömmigkeit der Kaiserin Theophanu denken: ihre Familie. Sie schenkte fünf Kindern das Leben, den Töchtern Adelheid, Sophia und Mathilde, einer schon als Säugling verstorbenen Zwillingsschwester Ottos III. und diesem selbst, dem Thronerben. Die beiden ältesten Kinder, Adelheid und Sophia, brachte Theophanu, wie die Quellen berichten, als „Zehnten" Gott dar, das heißt, beide wurden Klosterfrauen und später bedeutende Äbtissinnen der Reichsklöster Quedlinburg und Gandersheim. Otto III. starb mit 21 Jahren unverheiratet und kinderlos. Aus der Verbindung der Tochter Mathilde mit dem rheinischen Pfalzgrafen Ezzo – dieses Paar stiftete das Kloster Brauweiler bei Köln – gingen drei Söhne und sieben Töchter hervor. Einer der Söhne, Hermann, wurde später Erzbischof von Köln und einer der wichtigsten Berater Kaiser Heinrichs III. Sechs der Töchter wurden Klosterfrauen und Äbtissinnen in Gandersheim, Quedlinburg, Nivelles, Dietkirchen, Neuß, Essen, Vilich und anderwärts. Wenigstens zwei von ihnen wurden heilig gesprochen. Zwei Söhne und die älteste Tochter Richeza, die spätere Königin von Polen, waren vermählt und hatten Kinder. Von Richeza stammten später die Könige Polens und Ungarns, Kiewer Großfürsten und Welfen und Stauffer ab, Kaiser und Könige.

Schauen wir abschließend noch einmal auf Theophanu, die Prinzessin aus Byzanz, die mit etwa 12 Jahren in ein ihr fremdes Land kam, die Kaiserin des Westreichs: Frühvollendet starb sie, mit 23 Jahren verwitwet, mit eben 30 Jahren als mildtätige Witwe und Regentin, aber auch sicher als gläubige und überaus aktive Christin: eine fromme Frau ihrer Zeit.

Wenn sich nun der Todestag dieser frommen Frau und Christin am 15. Juni 1991 zum 1000. Male gejährt hat, der Prinzessin aus der Fremde, des Westreichs große Kaiserin „Dei gratia", kommt dem in heutiger Zeit, besonders auch nach der historischen Wende in Osteuropa 1990/91, eine besondere Bedeutung zu.

Theophanu steht da als sehr menschliches Bindeglied zwischen den Kulturen des Ostens und des Westens. Sie lebte zu einer Zeit, da die großen Spaltungen noch nicht erfolgt waren, die unsere Welt bis heute mit Unfrieden heimsuchen. Seit 1989 findet jedes Jahr am 15. Juni in der südlichen Seitenkapelle der Kirche St. Pantaleon zu Köln am Sarkophag der Kaiserin eine Eucharistiefeier statt „für die Einheit der Christen in Ost und West" unter starker Beteiligung katholischer, evangelischer und orthodoxer Christen. Zutreffend wurde einmal bei dieser Gelegenheit gesagt:

Griechen und Orthodoxe betrachten sie als eine der Ihren, Deutsche und Katholiken desgleichen.

Quellen

H. Benrath (A. Rausch). Die Kaiserin Theophano (Roman 1940 Ndr. 1991, DVA-Stgt.).

Brun von Querfurt, Passio S. Adalberti, c. 12 in: MGH, SS, IV. 601: Thietmar, Chron. III, 14 15 (l.c.S. 114/15).

J. Fleckenstein, Die Hofkapelle der deutschen Könige, in: MGH – Schriften 16/II, München 1966.

J. Hausherr, L'imitation de Jésus-Christ dans la spiritualité byzantine, Mélanges F. Cavallera, Paris 1948.

F. W. Oediger, Regesten der Erzbischöfe von Köln I, MGH München 1954–61.

Ch. Papadopoulos, Die Heiligsprechung in der orthodoxen Kirche, Athen 1934 (griech.).

P. E. Schramm, Kaiser, Rom und Renovatio, München 1929.

W. Seibt, Die Skleroi. Eine prosopographisch-sigillographische Studie (Veröffentlichung der Akademie der Wissenschaft Wien) Byzantina Vindobonensia IX, Wien 1976.

Thietmar von Merseburg, Chron. IV., in: MGH, SS rer. Germ. ed. R. Holtzmann, Hannover 1935.

O. Treitinger, Die oströmische Kaiser- und Reichsidee nach ihrer Gestaltung im höfischen Zeremoniell, Ndr. München 1956 bzw. 1969.

J. Torsy, Der große Namenstagskalender, Freiburg 1976.

M. Uhlirz, Jahrbücher Ottos II., in Byzantinische Zeitschrift 1954.

G. Wolf, Nochmals zur Frage: Wer war Theophanu, in Byzantinische Zeitschrift 1988.

Hl. Nikolaus, Aachen-Burtscheid, St. Johann Baptist
Die Verehrung des Hl. Nikolaus setzte im Abendland erst mit der translatio der Gebeine von
Myra in Kleinasien nach Bari (Süditalien) im großen Stil ein. Das war am 9. Mai 1087.
Aber schon vor 1000 stellte z. B. Otto III. das Kloster Burtscheid bei Aachen unter den beson-
deren Schutz des Hl. Nikolaus. Nachweislich geht die Verehrung dieses Heiligen bei Otto III.
auf seine Mutter Theophanu zurück. Auch die Benediktinerabtei Brauweiler bei Köln (1024
von dem Pfalzgrafen Ezzo, einem Schwager Ottos III. gegründet) wurde kurz darauf 1028 dem
Hl. Nikolaus zu Ehren geweiht.

70

Die Ausbreitung des Nikolauskults im Rheinland

Die Rolle Theophanus als Initiatorin
von Andreas Schmitt

Der vorliegende Aufsatz behandelt ein bisher nur wenig beachtetes Thema aus der Biographie Theophanus, deren tausendstes Todesjahr heuer gefeiert wird. Daß die byzantinische Kaiserin und Gemahlin Ottos II. eine Vorliebe für Köln bzw. das Land am Niederrhein gehabt haben muß, belegt schon die Wahl ihrer Grablegung mit St. Pantaleon in Köln. Die Handschrift Theophanus hinterläßt nicht nur in der Bau- bzw. Klostergeschichte St. Pantaleons ihre Spuren, sondern unter anderem auch in der Auswahl und Pflege des Kults byzantinischer Heiliger im Rheinland.

Die aus politisch und diplomatisch motivierten Gründen geförderte Vermählung eines Mitgliedes des byzantinischen Herrscherhauses mit dem der Ottonen bedeutete für das Abendland nicht nur eine Aufwertung der politischen Situation der Frau in der Person Theophanu, sondern auch eine intensive Begegnung mit östlicher Kultur und Religion. Gegenstand dieser kleinen Untersuchung soll deshalb der Kult bzw. das Patrozinium des hl. Nikolaus, eines der populärsten Heiligen der Ostkirche, sein. Konkreter ausgedrückt, wird im folgenden der Frage nachgegangen werden, ob oder inwieweit Theophanu für die Begründung des Nikolauskultes im Rheinland verantwortlich war.

Der hl. Nikolaus wurde wahrscheinlich Anfang des 4. Jahrhunderts in Patras in Lykien geboren und dürfte identisch mit einem Bischof gleichen Namens aus Myra in Kleinasien gewesen sein. Sein Kult war anfangs vor allem auf Byzanz beschränkt und außerhalb Kleinasiens nur in Italien (Rom und Ravenna) vertreten. Vor allem ab dem 6. Jahrhundert entwickelte sich dort eine so intensive Nikolausverehrung, daß diese in der Ostkirche der der Gottesmutter Maria kaum nachstand.

Im Westen etablierte sich die Nikolausverehrung erst mit den Ereignissen von 1087 nachhaltig. In diesem Jahr wurden nämlich die Gebeine des Heiligen vor den Normannen aus dem seit 1071 islamisch besetzten Myra nach Bari überführt, womit nun der Westen endlich in

Besitz von Reliquien des beliebten Heiligen der Ostkirche gelangte. In der Folgezeit entwickelte sich die italienische Hafenstadt Bari zu einem der berühmtesten mittelalterlichen Pilgerziele nach Santiago, Rom und Jerusalem. Eine große Bedeutung hatte der hl. Nikolaus vor allem für die Jerusalempilger, die von Bari aus die Überfahrt ins Heilige Land aufnahmen. Durch diese Pilgerscharen wurde die Popularität des myrenischen Heiligen in immer fernere Länder importiert.

Letztendlich war wohl die Translation von 1087 hauptverantwortlich für die weite Verbreitung der Nikolausverehrung. Dennoch bildeten sich auch nördlich der Alpen bereits vor 1087 einzelne kleinere Kultzentren bzw. ganze Regionen: Angers, die Klöster des Großen St. Bernhard, St. Emmeram in Regensburg, St. Maximin in Trier, die Normandie, die Regionen um den Genfer See, der unteren Seine und das Bistum Lüttich. Die Gründung vereinzelter Kultstätten in Deutschland vor 1087, wie z. B. auch Burtscheid oder Brauweiler in der Kölner Kirchenprovinz, wurde durch die Ottonen vorangetrieben, wobei die byzantinische Gemahlin Ottos II., Theophanu, eine entscheidende Rolle spielte; auf eben diesen Aspekt wird im Verlauf der Untersuchung noch genauer eingegangen werden müssen. Abgesehen von Burtscheid und Brauweiler geben auch die Patronate von Kempten, Halberstadt, Meißen, Weende, Aachen, Essen-Werden, Quedlinburg, Köln (St. Gereon), Eichstätt und Groß-Komburg frühe Hinweise auf die Verehrung des hl. Nikolaus im deutschen Sprachraum. Bei dieser Auflistung darf jedoch nicht vergessen werden, daß Italien und Frankreich die Kerngebiete des abendländischen Nikolauskultes waren und blieben. Die Verehrung des Heiligen spielte in Deutschland keine so große Rolle wie in Italien und Frankreich, doch konnten sich auch bei uns, vorwiegend nach der Translation, einige wichtige, allerdings geographisch beschränkte Kultgebiete entwickeln. Auch wenn im Erzbistum Köln in seinen damaligen Grenzen die Kultverbreitung ihren größten Aufschwung in der Zeit nach 1087 nahm, also auch lange nach Theophanu, so darf man in der Person der byzantinischen Kaiserin doch den Anfang der Nikolausverehrung im Rheinland sehen. Diese Vermutung läßt sich bereits aus der Abstammung der Kaiserin herleiten. Darüber hinaus wird die genannte Hypothese noch durch Schriftquellen belegt, die zwar 2 Jahrhunderte nach Theophanus Tod aufgezeichnet, in ihrer Aussage aber durchaus verläßlich sind.

Wirkt das Bestreben, die Ausstattung vieler Kirchen mit byzantinischen Reliquien und Reliquiaren mit Theophanu in Verbindung zu bringen, oft gezwungen, so ist die Gründung der Benediktinerabtei Burtscheid eindeutig mit dem Namen der ottonischen Kaiserin in Einklang zu bringen. Denn nach der Gründungsgeschichte des Benediktinerklosters Brauweiler soll der Sohn Theophanus, Kaiser Otto III., die Abtei Burtscheid noch vor der Jahrtausendwende deswegen mit dem Patrozinium Johannes des Täufers und des hl. Nikolaus ausgestattet haben, weil er „mütterlicherseits Grieche war". Die Tatsache, daß auch Otto III. den Kult griechischer Heiliger förderte, kann nicht verwundern, hatte der Kaiser doch selbst seinen Hof nach byzantinischen Maßstäben organisiert und bewußt Formen der byzantinischen Diplomatik angewandt. Zusätzlich kam auch noch Gregor, der erste Abt von Burtscheid, aus der unter byzantinischem Einfluß stehenden italienischen Provinz Kalabrien. Er soll angeblich ein ostkirchliches Kultbild, die sogenannte Burtscheider Ikone, von dort mitgebracht haben, welches sich noch heute im Kirchenschatz von St. Johann Baptist von Aachen-Burtscheid befindet.

Die Motivation für die Wahl eines neuen Titulars der Klosterkirche von Brauweiler weist deutliche Parallelen zur Gründung der Benediktinerabtei Burtscheid auf. So war in Brauweiler ebenfalls ein Mitglied des ottonischen Kaiserhauses für die Erweiterung des Patronates im Jahre 1024 zuständig. Ursprünglich befand sich nämlich in Brauweiler an der Stelle, wo später die Klosterkirche gegründet wurde, eine dem immer bedeutungsloser werdenden Bischofsheiligen Medardus geweihte Kapelle, die der Vater des Pfalzgrafen Ezzo hatte errichten lassen. Als Initiator der Klostergründung und der Ausstattung der Kirche mit dem Nikolauspatrozinium ist gemäß den erzählenden Quellen der Benediktinerabtei aber nicht der Pfalzgraf, sondern dessen Frau Mathilde zu betrachten. Sie war die Schwester Kaiser Ottos III. und Tochter der Theophanu. In Analogie zur Klostergründung von Burtscheid durch ihren Bruder Otto III. hätte also auch Mathilde zu Ehren der Mutter die Abteikirche von Brauweiler dem beliebten byzantinischen Heiligen Nikolaus geweiht. Die Vermutung, der hl. Nikolaus könne ein „Familienheiliger" der Ottonen gewesen sein, liegt demnach nicht allzu fern (zumindest seit dem Zeitpunkt der Vermählung Ottos II. mit der byzantinischen Prinzessin Theophanu im Jahr 972).

Wie bereits erwähnt, werden die Hinweise auf eine gesteigerte Nikolausverehrung erst nach der Translation intensiver. Sowohl die jetzt stärker ansteigende Zahl der Patronate ab dem 12. Jahrhundert als auch der Nachweis von Kultobjekten, also Statuen und sonstigen Kunstwerken, belegen das. Karl Meisen, der Autor einer bis heute gültigen umfangreichen Nikolausmonographie, konnte für das 12. Jahrhundert allein in den Grenzen des Kölner Bistums (also ohne Lüttich, Münster, Osnabrück und Minden) 13 Neugründungen mit Nikolauspatrozinien nachweisen, darunter z. B. auch die des Prämonstratenserinnenklosters Füssenich, zweier Kapellen in Köln und die eines Altares von St. Pantaleon. Gleichzeitig werden zu dieser Altarweihe in der Grabeskirche Theophanus noch Reliquien des byzantinischen Heiligen erwähnt. Dies kann nicht verwundern, wenn man bedenkt, daß gerade der hl. Nikolaus einer der Lieblingsheiligen der Förderin St. Pantaleons, der Kaiserin Theophanu, gewesen sein muß.

Seit dem 11. Jahrhundert wurde das Patrozinium 42mal an Kapellen und Kirchen im Kölner Erzbistum verliehen. Diese Zahl wird im Kölner Metropolitanverband nur von wenigen anderen Patrozinien, wie z. B. dem der Gottesmutter Maria, Johannes' des Täufers und des hl. Martin übertroffen. Dem legendären Bischof von Tours sind zwar als einzigem Bischofsheiligen insgesamt mehr Kirchen geweiht worden als dem hl. Nikolaus, nicht aber zwischen dem 11. und 13. Jahrhundert, dem hier zu beachtenden Zeitraum. Die Patrozinien anderer Bischofsheiliger sind dagegen weitaus seltener: So werden der hl. Dionysius von Paris nur 14, der hl. Lambertus 27 und der hl. Hubert 29mal genannt.

Bereits um die Jahrtausendwende war der 6. Dezember im Kalender eines Psalters der Abtei Essen-Werden sowie in einem Psalterium aus Köln als Festtag des hl. Nikolaus eingetragen. Einem Kölner Missale von 1133 kann man entnehmen, daß dem Nikolaustag schon im 12. Jahrhundert eine eigene Meßliturgie zustand. In Köln ist der 6. Dezember erstmals ab dem letzten Drittel des 12. Jahrhunderts, bezeichnenderweise in St. Severin, der Kirche, die spätestens 1195 einen Nikolausaltar erhielt, als Nikolausfeiertag ausgewiesen, und zwar sogar im Range eines Feiertages mit Sonntagsruhe. Zu einem einheitlichen Feiertag aller Kölner Pfarreien wird der Nikolaustag allerdings erst hundert Jahre später.

Neben der Untersuchung der Patrozinien kann auch ein Blick auf Werke der bildenden Kunst Aufschluß über den seit Theophanu im Rheinland eingeführten Nikolauskult geben. Denn nicht nur die Tatsache der Weihe von Altären und Kirchen ist Bestandteil einer gesteigerten Nikolausverehrung, sondern auch die dazugehörige figürliche Ausstattung von Altären, liturgischem Gerät sowie vor allem die Existenz von Kultstatuen als Zentrum der Andacht.

Außer den noch gesondert anzusprechenden vier Kultstatuen (die Plastiken aus Füssenich, Rhens, Brauweiler und der Bischofskopf im Kölner Schnütgen-Museum) wurde bisher nur ein Kultbild des hl. Nikolaus vorgestellt (Burtscheider Ikone). Daneben lassen sich aber auch Darstellungen aus dem Bereich der Buchmalerei (Siegburger Psalter), der Sphragistik (Siegel von Brauweiler) und auch der Plastik (Marienretabel, Konsolköpfchen, Muldennischenreliefs in Brauweiler) finden. Darüber hinaus existieren aber noch weitere bildliche Hinweise auf eine besondere Wertschätzung des hl. Nikolaus im Bereich des Kölner Bistums, die als weitere Gradmesser des Kultes die steigenden Patroziniengründungen dokumentieren können. So werden z. B. in St. Kunibert in Köln zwei Armreliquiare des beginnenden 13. Jahrhunderts aufbewahrt, die ursprünglich Reliquien des hl. Georg und des hl. Nikolaus enthalten haben sollen. Entsprechend einem Eintrag in einem heute noch erhaltenen Memoirenbuch aus St. Kunibert, soll ein Diakon der ehemaligen Stiftskirche die Reliquien beider Heiliger von einer Reise mitgebracht und 1222 neben dem Hochaltar aufgestellt haben. Ob diese Kultobjekte tatsächlich in den Armreliquiaren aufbewahrt wurden, ist allerdings nicht mehr nachzuvollziehen, doch hat sich immerhin bis heute die Bezeichnung ,Nikolausarm' gehalten.

Ein weit bedeutenderes Zeugnis der Kölner Nikolausverehrung im 13. Jahrhundert sind die Fresken von St. Maria in Lyskirchen. Im Kreuzgewölbe der südlichen Chorkapelle befindet sich ein Nikolauszyklus, der die Vita des Heiligen illustriert: Darüber hinaus ist auch noch die Krypta der Kirche dem hl. Nikolaus geweiht. In den vier Gewölbekappen gelangten jeweils zwei durch Säulen voneinander getrennte Szenen zur Ausführung, darunter auch die bekannte Legende der Errettung aus Seenot oder das Stratelatenwunder. Das Schifferwunder könnte ein programmatischer Hinweis auf die Bestimmung der Kirche St. Maria Lyskirchen als Schifferkirche sein. Da die Stadt Köln im Mittelalter dem Verband der Hanse angehörte, ist dort eine solche Kirche nicht ungewöhnlich; die Bedeutung des hl. Nikolaus als Patron der Seefahrer wird hier deutlich.

Jetzt wende ich mich aber früheren Zeugnissen des Nikolauskultes in der Bistumsstadt Köln zu. Denn nicht nur St. Gereon, St. Pantaleon, St. Severin, St. Maria Lyskirchen oder auch die beiden bei Karl Meisen genannten Nikolauskapellen an der Rheingassenpforte und der Salzgasse lassen Rückschlüsse auf eine Nikolausverehrung zu, sondern vielleicht sogar das Inventar der ehemaligen Damenstiftskirche St. Ursula. Eine aus

St. Ursula stammende romanische Altartafel hat sich wohl nur deswegen erhalten, weil sie im 13. Jahrhundert in den gotischen Hochaltar integriert wurde. Die querrechteckige Tafel weist im Mittelteil einen großen Vierpaßrahmen auf, in dem die thronende Maria mit dem Kind dargestellt ist, außen umrahmt von Engeln. Die Seitenteile sind durch je zwei übereinandergestellte Dreierarkaturen gegliedert. Unter diesen Arkaden sind 12 der lokal besonders verehrten Heiligen in Form von Tafelbildern dargestellt, darunter auch der hl. Nikolaus in der Tracht eines abendländischen Bischofs. Die heutige Dekoration entstammt dem 14. Jahrhundert, dürfte aber dennoch das ursprüngliche Programm der romanischen Treibarbeit aus der Entstehungsgeschichte der Tafel um 1170 repräsentieren. Die originalen Teile des Altaraufsatzes, besonders aber die Ornamentik oder auch die Arkadenstellung zur Aufnahme von Heiligenportraits, verbinden dieses Stück vor allem mit den zeitgleichen Reliquienschreinen aus Köln. Es wird sich zeigen, daß auch die figürliche Dekoration Kölner Prunkreliquiare Hinweise auf eine Verehrung des hl. Nikolaus zulassen.

Mindestens ebenso ergiebig ist daher auch ein Blick auf die ikonographische Ausstattung der großen Reliquienschreine des 12. Jahrhunderts, deren bedeutendster Vertreter der Kölner Dreikönigsschrein des Nicolaus von Verdun ist. Die Verteilung der figürlichen Darstellungen auf dem doppelstöckigen Schrein folgt einem komplexen theologischen Programm, das nicht nur die Titulare und z. B. die Apostel umfaßte, sondern auf die gesamte christliche Heilsgeschichte zielt. Auf der Suche nach Nikolausdarstellungen auf Reliquienschreinen muß man sich aber auf die Ebene weniger komplizierter Programme und damit gegenüber dem Dreikönigsschrein provinziellerer Schreine begeben; denn in den Rahmen einer christlichen Heilsgeschichte war der hl. Nikolaus nun einmal nur schwer einzufügen.

So kommt man zwangsläufig auf Reliquiare mit einfacherer Ikonographie. Die Flächen zwischen den Arkadenstellungen boten sich beispielsweise für die Darstellung der Apostel, der Evangelisten oder auch der Propheten an. So sind etwa für den um 1170 entstandenen Maurinusschrein aus St. Pantaleon aufgrund der Inschriften in den Bogenfeldern der Längsseiten die Figuren der 12 Apostel zu rekonstruieren, die von Johannes dem Täufer und Paulus ergänzt wurden. Die Stirnseite war mit einer Darstellung Christi und des Titulars dekoriert, auf den Dachflächen sind dann die Martyrien von zehn Martyrern, darunter natürlich auch das des hl. Maurinus, inszeniert.

Der zweite Schrein ist ebenso willkürlich ausgewählt wie der des hl. Maurinus. Nur unterscheidet sich der zwischen 1160 und 1170 entstandene Heribertschrein dadurch, daß dort die Apostelreliefs der Längsseiten erhalten sind, die in typologischer Anordnung jeweils durch schmale Emailleplatten mit Bildern der Propheten getrennt sind. Auch differiert der architektonische Aufbau. An dieser Stelle interessiert aber ausschließlich das ikonographische Programm. Auf der einen Stirnseite thront im Gegensatz zum Maurinusschrein die Muttergottes (die Patronin des Benediktinerklosters Deutz, dessen Gründer der hl. Heribert war), auf der entgegengesetzten der Titular. Die Medaillons der Dachseite geben dann Szenen aus dem Leben des hl. Heribert wieder.

Das gezeigte Dekorationsschema ließe sich um weitere Exemplare erweitern (so zeigten z. B. auch die Siegburger Schreine der hll. Mauritius und Innocentius und des hl. Honoratus Apostelreliefs auf den Längsseiten, den Titular auf einer der Stirnseiten), würde aber keinerlei Erkenntnisse zur Nikolausverehrung im Rheinland zulassen. Hier interessieren allein Hinweise auf den Nikolauskult. Man muß eine andere Gruppe von Reliquiaren der Kölner bzw. Siegburger Goldschmiedekunst untersuchen, um endlich fündig zu werden. Denn die nun folgenden Schreine besitzen eine Gemeinsamkeit: Sie zeigen auf den Längsseiten statt der Apostel oder Propheten Kölner Lokalheilige. Sowohl an dem um 1186 hergestellten Albanusschrein als auch an dem um 1183 entstandenen Schrein des hl. Anno war nämlich jeweils ein heute verlorener Figurenzyklus mit den wichtigsten Kölner Kirchenpatronen angebracht (Albanusschrein: Pantaleon, Martin, Petrus, Andreas, Gereon, Mauritius, Georg, Kunibert, Severin, Maria, Ursula und Cäcilia; Annoschrein: die kanonisierten Kölner Bischöfe Maternus, Severin, Evergislus, Kunibert, Agilolf und Kunibert sowie die sechs Heiligen, von denen die Abtei Siegburg Reliquien besaß: Mauritius, Innozenz, Viktor, Vitalis, Demetrius und Benignus).

Es ist demnach erklärungsbedürftig, wenn plötzlich auch der hl. Nikolaus in die Reihe der auf den Längsseiten eines Schreines Dargestellten aufgenommen wurde, wie bei dem 1190 angefertigten Benignusschrein der Siegburger Pfarrkirche St. Servatius. Die verlorene Dekoration ist anhand der Inschriften und einer Beschreibung des Aegidius Gelenius zu rekonstruieren. Danach waren unter den sechs Arkaturen der Längsseiten Relieffiguren des Agapitus, Dionysius, Sebastian, Quirinus, Pantaleon und Servatius auf der linken, Anno, Eras-

Von der Lieblingspfalz der Kaiserin in Nimwegen besteht heute nur noch die Niko-
laus-Kapelle (Valkhofkapelle). Der achteckige Grundriß läßt byzantinischen Einfluß
erkennen. Theophanu soll die Kapelle zum Dank für die glückliche Geburt Ottos III.
gestiftet haben. In verschiedenen Formen hat sich die Nikolaus-Verehrung im Westen
– gerade auch in den Niederlanden – dank der Kaiserin aus Ost-Rom reich entfaltet.

mus, Georg, Eustachius und Nikolaus auf der rechten Seite angebracht, wobei der Bogen der fünften Arkade samt der Inschrift verlorengegangen ist. Auf der Stirnseite war analog zu den bisherigen Schreinen der Titular zwischen Vincentius und Laurentius wiedergegeben, auf der Rückseite der Kampf des Erzengels Michael. Die Dachflächen könnten dann mit Darstellungen aus der Passio des hl. Benignus ausgefüllt gewesen sein.

Von selbst stellt sich an dieser Stelle die Frage, ob oder warum hier sowohl das Apostelschema als auch die Dekoration mit Lokalheiligen verlassen wurde, und warum dann stattdessen der hl. Nikolaus dargestellt ist. Versucht man das theologische Programm des Schreines nachzuvollziehen, so scheint der hl. Nikolaus überhaupt nicht in den Rahmen der übrigen Heiligen des Benignusschreines zu passen. Denn außer dem hl. Nikolaus, dem Erzengel Michael und dem hl. Servatius sind alle Figuren einschließlich des Titulars Märtyrer, sieht man einmal davon ab, daß eine der zahlreichen Legendensammlungen selbst dem hl. Nikolaus ein Martyrium nachsagt. Daß aber der hl. Nikolaus im 12. Jahrhundert keineswegs als Märtyrer verehrt wurde, beweisen allein die zeitgenössischen Quellen, die ihn ausschließlich als ‚episcopus‘ bzw. ‚confessor‘ kennen, nicht aber als ‚martyr‘. Die Integration des hl. Michael und des hl. Servatius unter den Märtyrern ist dagegen besser motiviert. So ist der hl. Michael der Patron des von Anno II. gegründeten Benediktinerklosters in Siegburg, der Bischof Servatius aus Malmedy der Patron der Siegburger Pfarrkirche, die den Benignusschrein noch heute besitzt.

Für die Darstellung des hl. Nikolaus kann es demnach nur zwei Gründe geben. Die Verehrung des myrenischen Bischofs als Märtyrer dürfte dabei aus o. g. Erwägungen ausfallen. Somit muß der hl. Nikolaus um 1190 also eine besondere Stellung in Siegburg oder auch in Köln genossen haben. Als beliebter Heiliger im Erzbistum Köln – immerhin waren ihm bis zu diesem Zeitpunkt in der Stadt Köln bereits drei Kapellen und ein Altar in St. Pantaleon, der Grabeskirche der Theophanu, geweiht – fände sich der hl Nikolaus dann in guter Gesellschaft mit dem hl. Anno, dem hl. Georg und eben dem hl. Pantaleon.

Diese Vermutung wird um so interessanter, wenn man weiß, daß noch ein weiteres Siegburger Reliquiar, der bereits erwähnte, aber allerdings spätere Honoratusschrein (um 1230), ebenfalls eine Nikolausdarstellung aufweist. Der hl. Nikolaus befindet sich hier als reliefiertes Brustporträt im Zwickel über den Arkaden, da die Flächen unter der Arkatur bereits durch Reliefs der Apostel ausgefüllt sind (über die Motivation der Aufnahme des hl. Nikolaus in das Programm des Honoratusschreines siehe das oben Gesagte).

Als geradezu sensationell ist demgegenüber die Existenz von vier zumindest photographisch heute noch nachweisbaren Rheinischen Kultstatuen des 12. Jahrhunderts zu werten. Berücksichtigt man nämlich die materialbedingt geringe Haltbarkeit dieser Holzfiguren, so kann diese hohe Zahl erhaltener Statuen einen guten Eindruck über die im Kölner Erzbistum damals sehr intensive Nikolausverehrung vermitteln. Da aus dem übrigen Deutschland kaum weitere romanische Nikolausstatuen bekannt sind (als Ausnahme kann hier nur die Figur aus Berau genannt werden), läßt sich die Annahme weiter erhärten, daß Köln d a s Zentrum des frühen deutschen Nikolauskults gewesen sein mußte.

Der Benediktinerabtei Brauweiler bei Köln fällt dabei die Rolle des Zentrums der Nikolauswallfahrt im Rheinland zu. Als Belege hierfür möchte ich einen im „Chronicon Brunwylrense" überlieferten Bericht anführen, wonach der berühmte Zisterzienser Bernhard von Clairvaux mit „höchster Andacht und vollem Herzen" vor dem Brauweiler Hochaltar zum hl. Nikolaus betete und die – demnach wertvollen – Reliquien des Klosters „mit Ehrfurcht" betrachtete.

Zur Brauweiler Kultgeschichte gehören aber nicht nur positive Nachrichten wie der Besuch des hl. Bernhard im Jahre 1147 oder die Berichte über zahlreiche Nikolauswunder. Angeblich hätten sich die Brauweiler Mönche so an den Nikolauswallfahrern bereichert, daß bald Kritik an der Praxis und Vermarktung des Kultes durch die Benediktinermönche laut wurde. So trugen nach den Berichten des Chronisten Caesarius von Heisterbach die Brauweiler Mönche die Reliquie eines Zahnes des hl. Nikolaus deswegen in einer gläsernen Schaumonstranz herum, um damit Geld zu verdienen. Als Strafe dafür sei dann aber das Glas der Monstranz (welche übrigens eine der ersten ihrer Art darstellen würde) zerbrochen.

Glücklicherweise ist in Brauweiler noch heute eine überlebensgroße Nikolausplastik aus der zweiten Hälfte des 12. Jahrhunderts zu bewundern, die wohl ein originales Kultbild der Wallfahrt in Brauweiler repräsentiert. Diese Figur kann aber nicht mit der Figur identisch gewesen sein, vor der der hl. Bernhard 30 Jahre vorher gebetet hatte. Die drei übrigen Kultstatuen Kölner Provenienz aus dieser Zeit sind leider nicht so gut dokumentiert wie die eben beschriebene. Es handelt sich hierbei um eine kleine Lindenholzskulptur des Rheinischen Landesmuseums in Bonn, die aus dem Prämonstratenserinnenkloster in Füssenich stammt, dessen Kirche 1147 dem hl. Nikolaus geweiht wurde. Auch bei der Kopfbüste aus dem Kölner Schnütgen-Museum und einer der Füssenicher Statue sehr ähnlichen Figur aus Rhens (die allerdings heute als verschollen gelten muß und nur photographisch dokumentiert ist) dürfte es sich um den myrenischen Heiligen handeln, was in letzterem Fall auch das zugehörige Patrozinium einer Kapelle in Rhens nahelegt.

Der relativ hohe Reflex erhaltener Nikolausstatuen, das vorgestellte liturgische Gerät und die übrigen Bildzeugnisse des Kultes in Köln ergänzen somit die Zunahme der Nikolauspatrozinien (und damit des Kultes) im 12. Jahrhundert nachhaltig. Man kann deshalb davon ausgehen, daß in Köln bereits 200 Jahre nach dem Tod Theophanus der Kult des Bischofs aus Myra fest installiert war.

Diese Untersuchung abschließend muß noch der Frage nachgegangen werden, ob außer vom ottonischen Kaiserhaus auch von anderen historischen Persönlichkeiten oder Gruppen Impulse zur Verbreitung des Nikolauskultes im Rheinland ausgingen. Bereits angedeutet wurde der Verbreitungsweg des Kultes über die Bari- bzw. Jerusalempilger. Dies gilt allerdings nur für die Zeit nach 1087. Sicherlich wurde die Ausbreitung des Kultes in Köln auch durch die relative geographische Nähe zu Elsaß und Lothringen bzw. Frankreich begünstigt, wo die Nikolausverehrung schon früher als im Rheinland verbreitet war.

Der um 1010 geborene Anno war in den Jahren 1056 bis 1075 als Anno II. Kölner Erzbischof und wurde dann ein Jahrhundert nach seinem Tod heiliggesprochen (1183). Zur 900-Jahrfeier seines Todes veranstaltete die Stadt Köln eine Jubiläumsausstellung mit dem Titel ,Monumenta Annonis', welche einen wesentlichen Anteil zur Erforschung der Person des Heiligen hatte. Allerdings wurde in diesem Rahmen nicht untersucht, ob Anno auch eine besondere Beziehung zu dem hl. Nikolaus gehabt haben könnte. So wurden nur die hl. Afra, die hl. Walburgis, die hll. Agilolf, Alexander, Benignus, Cäsarius, Eliphius, Ewald, Georg, Jakobus der Ältere, Klemens, Luzius, Mauritius, Nozentius, Vitalis, Reinold, Severin, Simon und Judas Thaddäus als die von Anno bevorzugten Heiligen genannt. Die Zusammenstellung dieser Heiligen basiert weitgehend darauf, daß Anno II. entweder seinen Kirchengründungen deren Patronate verlieh oder aber sie mit Reliquien dieser Heiligen ausstattete. Dennoch gibt es verschiedene Hinweise auf eine Verehrung des byzantinischen Heiligen durch den Kölner Metropoliten.

So weihte Anno 1059 einen Altar der wiedererrichteten Krypta von St. Liudger in Essen-Werden dem myrenischen Heiligen. Bei der zweiten Brauweiler Kirchenweihe setzte Anno 1061 zusammen mit dem Mindener Bischof Eilbert erneut die Hll. Nikolaus und Medardus als Patrone der Klosterkirche als auch des Hochaltares ein. Für das Jahr 1067 ist eine weitere Weihe einer Kapelle (wohl in der Krypta: „inferior capella") in einer der Kölner Kirchen belegt (wahrscheinlich St. Gereon), die neben anderen Heiligen auch den Bischof aus Myra als Titular aufweist. Im Jahre 1073 weihte Anno schließlich noch die Kapelle von Stoppenberg bei Essen dem hl. Nikolaus als Mitpatron.

Aber nicht nur die von ihm verliehenen Patrozinien lassen auf eine Verehrung des Erzbischofs Anno II. für den hl. Nikolaus schließen, sondern noch weitere Details aus seiner Vita, wie z. B. Schenkungen. So vermachte Anno dem von ihm 1072 erworbenen Kloster Grafschaft quasi als Gründungsgeschenk ein Reliquienkreuz, das heute nur noch in einer Nachzeichnung des 18. Jahrhunderts von Johann Wilhelm Fischer überliefert ist. Auf der Rückseite dieses Gemmenkreuzes, das Anno der Benediktinerabtei Grafschaft laut Beischrift selbst geschenkt haben soll, sind Inschriftplatten mit den Namen der Heiligen angebracht, deren Reliquien sich im Inneren des Kreuzes befinden sollen. Setzt man die Echtheit dieser Platten samt Inschrift voraus, dann hätte man mit diesem Kreuz ein „frühes Beispiel dafür, daß im Zeichen Christi alle Reliquien der Heiligen versammelt waren, die die Stiftung Annos auszeichnen". Noch viel interessanter ist aber die Tatsache, daß unter diesen Reliquien dann auch eine des hl. Nikolaus gewesen sein muß, und zwar sogar an prominenter Stelle. Denn die Inschrift des Plättchens am oberen Kreuzende besagt, daß an dieser Stelle die Reliquien von Pankratius und Nikolaus in unmittelbarer Nähe zur Hauptreliquie des Reliquienkreuzes, einem Splitter vom wahren Kreuz Christi, untergebracht waren. Somit wäre der hl. Anno also auch im Besitz von Nikolausreliquien gewesen, ein weiteres Indiz für die Wertschätzung des byzantinischen Heiligen noch vor der Translation im Kölner Raum im allgemeinen und durch Anno im speziellen.

Die Verehrung, die Anno dem hl. Nikolaus entgegenbrachte, muß noch im Zeitraum nach dessen Kanonisierung allgemein bekannt gewesen sein. Dies darf man zumindest aufgrund einer Miniatur des Siegburger Psalters vermuten, die in einem Bild den hl. Anno (mit Nimbus) und den hl. Nikolaus zusammen darstellt. Es könnte sich hierbei sogar um eine posthume Legitimation von Annos Bischofsamt handeln, sind doch beide nicht nur als heilige Bischöfe (Nimbus), sondern sogar im jeweils landesüblichen liturgischen Ornat gehalten. Die dadurch betonte Herkunft des hl. Nikolaus aus Byzanz ist für den Kreis um Anno II. keineswegs überraschend, war doch der ehemalige Kölner Metropolit selbst auch im Besitz einer byzantinischen Kasel. Dieser heute noch erhaltene Mantel war wohl in der Entstehungszeit des Psalters in Siegburger Besitz. Aber nicht allein der hl. Anno muß eine Vorliebe für byzantinische Heilige und Kleidung gehabt haben, sondern auch einer seiner Nachfolger auf dem Siegburger Abtsstuhl, bezeichnenderweise mit dem Namen Nicolaus. Dieser stand dem Kloster St. Michael bis zum Jahr 1174 vor und pflegte in dieser Zeit einen intensiven Kontakt mit dem byzantinischen Reich, dessen Kaiser er 1171 sogar einen Legaten schickte. Aufgrund dieser Tatsache darf man mit Sicherheit annehmen, daß für die genannte Illustration im Siegburger Psalter kaum eine byzantinische Vorlage nötig war, vielmehr, daß die Beziehung zu Byzanz und dessen Heiligen auch noch im 12. Jahrhundert aktuell war. Bisher sind bereits einige Gründe für die Verbreitung des Nikolauskultes im Rheinland angeführt worden. Neben historischen und kulttopographischen Kriterien wurden auch das ottonische Kaiserhaus oder der Kölner Metropolit Anno II. als frühe Träger belegt. Man kann jedoch auch aus der Literatur, die sich mit der Kultgeschichte des hl. Nikolaus beschäftigt, erschließen, daß auch der Orden der Benediktiner erheblich zur Verbreitung der Nikolausverehrung beigetragen hat. Es ist auffällig, daß sich der Nikolauskult anfangs gerade im monastischen Bereich ausbreitete, wie die Vielzahl der dem byzantinischen Heiligen zwischen dem 10. bis 12. Jahrhundert in Deutschland geweihter Benediktinerabteien beweist [z.B. Burtscheid und Brauweiler, aber auch Ahausen (um 1125), Bursfeld (1093), Komburg, Memmingen (1168), Münchsteinach (1102) sowie die Frauenklöster in Augsburg (12. Jahrhundert), Eisenach (1171), Kornberg (11. Jahrhundert), Nikolausberg bei Göttingen (vor 1162)]. Dazu sind dann noch die Klöster zu rechnen, die entweder im Besitz von Nikolausreliquien oder -altären waren (z.B. St. Emmeram in Regensburg, St. Maximin in Trier, St. Pantaleon in Köln, die Klöster in Kempten, Benediktbeuren, Grafschaft, Minden, Echternach, Quedlinburg, und Altdorf bei Molsheim). Außerdem sollen es Benediktinermönche gewesen sein, die nach der Translation das Grab des hl. Nikolaus in Bari bewachten. Darüber hinaus stammen auch die meisten der bereits genannten Kunstwerke aus diesen Abteien. Somit muß man wohl davon ausgehen, daß gerade die Mönche des Benediktinerordens einen wesentlichen Beitrag zur Ausbreitung des Nikolauskultes in Deutschland geleistet haben.

Ziel der vorliegenden Abhandlung war es, zu untersuchen, inwieweit Theophanu für die Ausbreitung des Nikolauskultes im Kölner Metropolitanverband verantwortlich war. Bisher wurde festgestellt, daß die Installation der Nikolausverehrung auf deutschem Boden vor allem nach der Translation der Gebeine des byzantinischen Heiligen 1087 stattfand. Als Vermittler und Förderer des Kults konnten vor allem der Benediktinerorden, Anno II. und das ottonische Kaiserhaus angesehen werden. Welche Rolle könnte dabei aber die Kaiserin Theophanu gespielt haben?

Immerhin konnten die Gründungen von Aachen-Burtscheid und dem Zentrum der Rheinischen Nikolauswallfahrt, Brauweiler, aufgrund der Quellenlage direkt auf den Einfluß der byzantinischen Gemahlin Ottos II. zurückgeführt werden. Allerdings waren beide Kirchweihen erst nach dem Tod Theophanus 991 zustandegekommen. Zu Lebzeiten der Kaiserin wurde das Patrozinium des hl. Nikolaus in Deutschland fünfmal vergeben, nämlich einer Kapelle in Kempten (973), in Halberstadt (974), in Meißen (984), in Weende bei Göttingen (987) und in Lipbach (990). Die Kirchweihe in Weende wurde vom Mainzer Metropolit Willigis durchgeführt, der Theophanu in der Zeit beratend zur Seite stand, als sie für ihren Sohn Otto III. die Regentschaft führte. Ein direkter Einfluß auf diese Weihe durch Theophanu ist jedoch ebenso wenig nachweisbar wie bei den übrigen Beispielen. Auffällig ist aber auf jeden Fall die Koinzidenz der ersten Nikolauspatronate mit dem Datum der Vermählung Ottos II. und Theophanus im Jahre 972.

Als Ergebnis ist deswegen festzuhalten, daß der Kult eines Heiligen der Ostkirche im Rheinland nicht ohne die Hilfe der Normannen (Bari) nachhaltig eingeführt werden konnte, daß aber die ersten Zeugnisse des Nikolauskults in Deutschland untrennbar mit dem Namen der Kaiserin Theophanu verbunden sind.